劳动教育与实践

主　编◎班建武　关月梅

华东师范大学出版社
·上海·

图书在版编目（CIP）数据

劳动教育与实践 / 班建武，关月梅主编. —上海：
华东师范大学出版社，2023
ISBN 978-7-5760-3798-2

Ⅰ.①劳… Ⅱ.①班… ②关… Ⅲ.①劳动教育—职
业教育—教材 Ⅳ.①G40-015

中国国家版本馆CIP数据核字（2023）第067567号

劳动教育与实践

主　　编　班建武　关月梅
责任编辑　李　琴
责任校对　李琳琳
装帧设计　庄玉侠

出版发行　华东师范大学出版社
社　　址　上海市中山北路3663号　邮编 200062
网　　址　www.ecnupress.com.cn
电　　话　021－60821666　行政传真 021－62572105
客服电话　021－62865537　门市（邮购）电话 021－62869887
地　　址　上海市中山北路3663号华东师范大学校内先锋路口
网　　店　http://hdsdcbs.tmall.com

印 刷 者　上海市崇明县裕安印刷厂
开　　本　787毫米×1092毫米　1/16
印　　张　9.25
字　　数　140千字
版　　次　2023年5月第1版
印　　次　2024年6月第2次
书　　号　ISBN 978-7-5760-3798-2
定　　价　34.80元

出 版 人　王　焰

（如发现本版图书有印订质量问题,请寄回本社客服中心调换或电话021-62865537联系）

编委会

在劳动中成就幸福人生

对于当代中国而言，其物质财富的积累比任何一个时代都更为丰裕。虽然中国的发展还存在城乡、区域间的较大差异，但就经济总量而言，已经跃居世界第二。从恩格尔系数的变化来看，中国2019年的恩格尔系数首次低于30%，为28.2%。根据国际标准，中国社会已经整体进入富足阶段。哪怕是那些生活暂时还不太富裕的家庭，也秉持着"再苦不能苦孩子"的育人理念，想方设法地替孩子遮蔽了诸多现实生活的物质匮乏之苦。这实际上表明，物质匮乏已经不是当代绝大多数青少年学生最直观的生活体验。

那么，在这样的时代背景下，劳动是否就过时了呢？

答案是否定的。

劳动作为人的本质力量对象化的重要实践，不同于其他生物活动的重要地方就在于，它是一种人类独有的创造性活动，这种创造性活动主要体现在人将一个自在之物变成为我之物的过程，是一种自然的人化过程。人之所以需要劳动实现自然的人化，归根结底就在于，劳动可以满足人生存的第一需要并展示人的自由、自觉的类本质。

实际上，劳动从来就不仅仅具有谋生功能。过去劳动的谋生功能之所以被凸显出来，一个非常重要的原因就在于生产力发展水平不够充分所带来的人的物质生活的窘迫性。这也使得本应体现人的主体意志的自觉、自由的劳动变成了一种对人的压迫的异己力量。随着生产力的不断提高和现代科技在劳动中的充分应用，社会物质财富将会不断丰富，劳动对人的压迫性也必将逐渐降低。在这种情况下，劳动的本体性功能将会得到充分释放。

虽然劳动的具体形态会由于时代的不同而呈现出不一样的形式，但是，劳动作为人的本质力量对象化的实践，作为人的自由、自觉类本质的展示这一核心是所有不同劳动形态背后共通的内涵。

新时代的劳动教育毫无疑问比任何时候都更应关切人的存在本质，关切劳动之于人的幸福功能。当代部分青少年所谓的"空心病"，大多与其意义感、价值感的缺乏有着非常密切的关系。而价值感、意义感的缺乏大多与当代青少年劳动的匮乏有关。只有在劳动中，人才能真正感受自我作为主体的人的存在的意义感和价值感，从而也才能收获真正的人生幸福。

党的二十大报告指出："在全社会弘扬劳动精神、奋斗精神、奉献精神、创造精神、勤俭节约精神,培育时代新风新貌。"全体社会成员应弘扬劳动精神，在热爱劳动中培养劳动态度，在辛勤劳动中淬炼劳动技能，在诚实劳动中锻造劳动品德。对广大青少年尤其要加强劳动教育，坚持德智体美劳五育并举全面育人，用劳动教育筑牢立德树人基石。

本书根据《中共中央国务院关于全面加强新时代大中小学劳动教育的意见》和《大中小学劳动教育指导纲要（试行）》的相关要求，结合职业院校目前的劳动教育课程情况、学生群体特点，立足于新时代社会发展的现实与当代青少年生活的实际，从家庭、学校、社会及国家等不同维度，向当代学生展示了劳动的价值及其蕴含的丰富教育意义。本书内容阐述结合丰富而生动的案例，强调劳动教育实践性，即让学生通过劳动实践，能够联系个人生活、家庭生活、学校生活和社会生活，以期学生能够在其中发现劳动的真谛，破译幸福的密码。

本书是集体智慧的结晶。主编为班建武和关月梅，主要负责框架设计和统稿，以及编写统筹和进度协调工作；主要编写工作由来自高校的何睿、张月、孔祥渊、崔永波、高雨洁、李乃涛、叶雅萱和来自职校的乔瑾、孙宝芳、冯志军、韩晓艳等优秀教师共同完成。此外，为提供更多丰富而生动的学习素材，更好地满足学生对不同知识点的个性化学习需求，本教材配备了形式多样的微课资源。微课资源大部分由编写组精心制作或由作者所在学校提供，也有部分视频来自中国文明网的授权使用，在此一并表示衷心感谢。

本书在编写的过程中参考了诸多有益研究成果。华东师范大学出版社的编辑高度重视本书的编写，并给予了很多富有见地的指导。在此深表谢意。

由于编写者能力有限，书中还存在需要进一步完善的地方，也恳请各位读者在阅读中提出宝贵意见，以便将来有机会进一步修改完善。

编者

2023.05

目 录

▶ 微课视频

第一单元

劳动创造幸福家庭

【单元介绍】

劳动教育是人生教育中的一个重要组成部分。家庭劳动教育是通过家庭劳动树立学生正确的劳动观念，养成劳动习惯，把学生培养成为具有独立生存能力的、有责任感的社会人的过程。家庭劳动教育关系到培养学生坚强的道德意志和品质，对培养健全的人格、促进人的全面发展、发展其聪明才智及动手能力都有重要作用。

家庭劳动教育是所有劳动教育中的关键环节。在劳动教育中应进一步强化家庭劳动教育的价值引领，引导学生形成正确的劳动价值观。

【学习目标】

1. 知道家庭劳动的价值；提高自立自强、自我管理的生活能力，培养良好的生活习惯。

2. 掌握家庭劳动的相关基础技能；体会家庭劳动的价值与意义。

3. 在家庭生活中成为家务劳动的践行者，积极为家人分担劳动，利用自身的专业知识提高家庭劳动的品质。

4. 树立正确的劳动价值观；将劳动内化为自己的行为习惯，自觉践行劳动。

5. 体悟幸福人生需要奋斗，体会劳动创造美好生活。

第一课 家庭劳动知多少

榜样启迪

2018 年度—2019 年度上海市十佳"新时代好少年（美德少年）"
之孝亲敬老奖获得者唐骏同学

唐骏，上海市南湖职校（现南湖职业技术学院）17 级酒店运营与服务管理专业学生。小小年纪便有乌鸦反哺的意识，主动孝敬和照顾家中老人，更有"老吾老，以及人之老"的意识，多次参与敬老院志愿者活动，常常运用自己所学的专

小唐照顾外婆

业知识，帮助社区的老人排忧解难，做力所能及的事情。

由于父母工作忙碌，2012年唐骏的外公去世后，为了照顾外婆生活，他主动与外婆同住。读初中的时候，他就担负起每日烧菜做饭的任务。每天放学后，他都会独自前往超市采购，回家后淘米做饭，好让晚归的父母和外婆吃上一口热腾腾的饭菜，饭后他还会主动分担洗碗的工作。

唐骏的外婆今年已是77岁高龄，腿脚不便的她还患有高血压等病，唐骏总是会在平时生活中细心观察外婆每天的身体状况，叮嘱她按时吃药和测量血压。每次外婆犯病或身体不适的时候，他都会贴心地照顾老人，为老人减轻病痛。唐骏在家庭劳动的洗礼中成长、成熟，除了照顾家人，唐骏和同学也常常承担一些志愿服务。他所在班级的志愿者服务点正是学校附近的一家养老院。

其他同学可能更多只是去打扫卫生，但唐骏总会主动地和老人聊天，给他们解闷。他的性格开朗阳光，为人耐心细致，常常能给孤寡老人带去欢乐。

在一些人看来，唐骏做的许多事情都是在"浪费时间"，但他自己却不那么认为。老吾老，以及人之老，这让唐骏学会了感恩，学会了细心思考，更懂得如何均匀分配时间、做事"面面俱到"，他看起来是那么地明亮温暖，闪闪发光。

（选自《新民晚报》专版报道，有改写）

 问题探究

◆ 看了唐骏同学的故事，你有什么感受？

_____

_____

◆ 作为职教生，你认为我们可以承担哪些家庭劳动、为家庭做哪些力所能及的事呢？

_____

_____

 **认知明理**

一、为什么我们需要家庭劳动？

家庭劳动，顾名思义，就是在家庭环境中进行的劳动。作为职教生，相信我们每个人都有家庭劳动的经历，也对家庭劳动有一定的认识和了解。那么，有没有想过，我们为什么需要家庭劳动呢？

阅读思考

案例1

美国心理学家威兰特对波士顿地区490名孩子进行了20年的跟踪调查。研究表明，爱干家务的孩子和不爱干家务的孩子相比，长大以后的失业比例为1∶15，犯罪比例为1∶10，爱干家务的孩子平均收入要比不爱干家务的孩子高出20%左右，离婚率和心理患病率也有显著差异。

案例2

2016年，日本播出了一个新的综艺节目《可以到你家跟拍吗》。一天，节目组在东京小岩站找到了一名愿意配合出镜的老人，他的名字叫前田良久，独居在市中心的代代木区。听到这里，记者有些诧异，因为代代木是出了名的富人区，前田良久能住在那，家庭条件自然十分优越。

然而，前田良久的一番话却让记者惊掉了下巴。他说自己已经二十多年没扫过房子了，家里不但脏又乱，还散发着一股难闻的气味。不一会，他们一行人来到了前田良久的豪宅。前田良久一推开门，记者就被吓了一大跳，只见垃圾堆得到处都是，简直有一座小山高。另外，豪宅内部也像前田良久说的那样，不但到处都是腐败变质的食物，还有积攒了几十年的垃圾。然而，前田良久却习惯了这种生活，他吃完饭不洗碗筷，下一次继续使用；煤气坏了之后不再用浴室，夏天也不开空调，只是偶尔会洗把脸精神一下。另外，因为他最喜欢吃纳豆，房间里到处都有他随手丢弃的纳豆盒。

1.通过阅读以上两则案例，你能总结出家庭劳动有哪些作用和好处吗？

2.你觉得家庭劳动对个人来说意味着什么？

（一）家庭劳动创造幸福家庭

家庭劳动是我们生活中必不可少的活动，对于整个家庭有着重要的意义。可以说，幸福的家庭离不开劳动。

1.劳动是家庭的必需品

家庭劳动是维持家庭基本运转的必需品。家是家庭成员的温馨港湾，承担着保障每个家庭成员健康和安全的重任。当我们组建一个家庭，在同一个屋檐下生活，就需要为之付出基本的劳动。比如，只有定期地清理和打扫，才能维持整洁的面貌，让家庭成员生活在一个干净、舒适、安全的环境中；当我们吃完饭时，需要将碗筷清洗干净；家庭成员的衣服需要清洗；每一个房间都需要定期打扫等。除此之外，做饭也是很重要的家庭劳动。家是生活的地方，生活中必不可少的就是饮食。让每一个家庭成员能够在家里吃到美味可口的饭菜，是家庭成员获得家庭幸福感的重要保障。

2.家庭劳动是家庭成员社会活动的保障

家庭劳动保障了每一个家庭成员的社会活动。有了家庭的保障，家庭成员才能有更多精力投入到学业、事业当中。有了父母的照顾和呵护，孩子才能更好地学习和成长；伴侣在家务上相互支持和帮助，才能够让彼此在事业上更无后顾之忧。正是因为有了家庭这个港湾，每个成员才能够尽情地在外乘风破浪；也正是因为家庭劳动，才保障了家的足够坚固和温暖。

3. 家庭劳动提升家庭幸福感

家庭劳动也是提升家庭幸福感的一种方式。家庭劳动虽然需要付出一定的精力，但是也可以带给家庭成员精神上的回报。当一家人一起打扫房间的时候，这就不再是一个单纯的劳动，而是家庭成员共同参与的活动。在做家务的过程中，家庭成员更容易体会到与家人的互动，更容易感受到家庭责任，并在这个过程中体悟生活中的幸福。盖瑞·查普曼在《爱的五种语言》一书中总结出了家庭生活中的五种爱的表达方式，其中第四种爱的表达方式就是"服务的行动"，即"做你的配偶想要你做的事，你借着替他（她）服务，而使他（她）高兴；借着替他（她）做事，来表示你对他（她）的爱"。在书中提到的案例中，多数"服务的行动"都指向了"做饭""照顾孩子""清理草坪"等家务劳动。由此可见，家务劳动也是表达爱的一种方式。通过承担家务劳动，我们能够更清晰地感受到家人对我们的爱，也能够表达我们对家人的爱。

（二）家庭劳动促进个人发展

除了有助于家庭的维持和生活氛围的营造，家庭劳动也可以促进个人发展。在家庭劳动中，我们获得锻炼和成长，我们的幸福生活离不开劳动。

1. 家庭劳动培养独立性

事实上，当一个人出生一年之后，就会表现出一种独立的意向。例如，孩子走路的时候，会推开家长的手，有"我自己来"的要求。这种自发的独立意识如果得到健康发展，孩子长大后就能独立思考、办事果断。在家庭中，进行劳动锻炼，可以减少依赖的心理，将会促进"自己能做的事自己做，不依赖别人帮助"的独立意识的形成，这对培养个体的独立性、创造性会有极大的促进作用。

2. 家庭劳动促进身体智力发育

根据专家的研究发现，劳动能促进大肌肉、小肌肉的发育。劳动在培养完美体魄上所起的作用，和运动一样重要。通过家庭劳动，我们的身体得以锻炼。此外，家庭劳动不仅需要体力，而且更需要智慧。如何将家布置得干净整洁、如何收纳整理、如何烹饪出美味的菜品，都需要开动脑筋。

3. 家庭劳动促进良好品格的养成

热爱劳动是中华民族的传统美德，劳动是美好生活的源泉。家庭劳动能够培养我们良好的生活习惯和劳动技能，在家庭劳动中，我们运用自己的双手维持家的温馨，我们学会了承担责任、互相分担，同时也更能体会到劳动的价值，养成尊重劳动、热爱劳动、吃苦耐劳等精神品质，而这些品质对于我们的未来发展也非常重要。

阅读思考

古诗中的劳动之美

翻开我国古代诗歌作品，我们会发现，历代文人墨客写下了许多关于古人辛勤劳动的诗篇，歌颂了劳动之美，展现了劳动之乐的美好情怀。《诗经》是我国最早的一部诗歌总集，里面就有大量描绘劳动生产的农事诗。

田间劳作

著名的《伐檀》一开头就讲"坎坎伐檀兮，置之河之干兮"，是一首描写伐木工人劳作的民歌。《芣苢》诗曰"采采芣苢[①]，薄言采之；采采芣苢，薄言有之；采采芣苢，薄言掇之"，则是农妇们采摘车前子草的乐歌，既生动又欢快，热情歌颂了劳动人民热爱劳动的高贵品质。

陶渊明不为五斗米折腰，甘愿归田务农。他把农活写进诗里，

---

① 芣苢：念作fú yǐ，植物名，即车前子。

充满诗情画意，譬如他的《归园田居·其三》："种豆南山下，草盛豆苗稀。晨兴理荒秽，带月荷锄归。道狭草木长，夕露沾我衣。衣沾不足惜，但使愿无违。"全诗平淡自然，清新质朴，言简意赅，真挚感人，抒写了对田园生活的热爱，以及享受田亩劳作之乐的惬意、闲适。他还在《庚戌岁九月中于西田获早稻》一诗中写道："人生归有道，衣食固其端。孰是都不营，而以求自安？"告诫人们要自食其力，勤奋劳动，如果什么事都不做又怎么能解决自己的温饱问题呢？

"富贵本无根，尽从勤里得。"劳动最光荣，劳动最崇高，劳动最伟大，劳动最美丽。热爱劳动、尊重劳动永远是中华民族的优秀美德。

1. 你觉得家庭劳动是一种美的享受吗？
2. 如何在你的家庭劳动中融入"美"的元素呢？

 名人名言

我毕生都热爱脑力劳动和体力劳动，也许甚至说，我更热爱体力劳动。当在体力劳动内加入任何优异的悟性，即手脑相结合在一起的时候，我就更特别感觉满意了。

——巴甫洛夫

热爱劳动吧，没有一种力量能像劳动，即集体、友爱、自由的劳动的力量那样使人成为伟大和聪明的人。

——高尔基

二、家庭劳动的社会价值

家庭劳动对家庭和家庭成员都有着重要意义和价值，但是，家庭劳动往往充满了机械重复的劳动，而且没有报酬。而人们普遍意义上理解的"工作"往往可以产生明确的社会价值，并且劳动者能从中获取明显的报酬。因此，家庭劳动往往不被认为是一项明确的工作，也不具备一定的社会价值。但是，真的是这样的吗？

阅读思考

近日，一则"奶爸离婚获家务补偿1万元"的消息登上热搜，引发网友热议。2016年，刘先生与王女士结婚并育有一子后，便分居生活。孩子一直跟随刘先生一起生活，王女士只是偶尔探望。刘先生提起离婚诉讼，要求王女士补偿6万元。最终经北京市密云区人民法院判决，王女士支付家务补偿款1万余元。

近年来，有关离婚家务补偿案的报道并不鲜见。2021年1月正式实施的《中华人民共和国民法典》明确规定，"夫妻一方因抚育子女、照料老年人、协助另一方工作等负担较多义务的，离婚时有权向另一方请求补偿"。

在2022年全国两会期间，有提案建议立法将全职从事家庭服务视为一个受法律保护的合法职业，以解决好我国生育率低和老龄化等社会问题。提案还进一步提出，要保障回归家庭、为家庭提供全职服务的一方权益，应由政府发放劳务补贴，或由有经济来源的家庭成员支付其生活费用和服务费用，或享受计算工龄及社会保障等待遇，或减免从业配偶个人所得税等。

这一提案一经报道引发各界关注，家庭"主妇""煮夫"还值得做吗？如何保障在婚姻家庭中承担更多义务的一方的权益？

对此，中国社科院社会学研究所研究员唐钧指出："要承认家庭照护是一种社会劳动。"家庭主妇／煮夫职业化的提法不太准确，应该表述为家庭照护职业化。因为照护的对象不仅是孩子老人，也可能包括残疾人、重病患者等需要照顾的群体；它不是医疗上的护理，主要是生活上的照顾，连带一些护理、康复。照护分为直接照护和间接照护，直接照护就是针对人的照顾，打扫卫生、买菜做饭等劳动则被称为间接照护。

要承认这类照护劳动是一种社会劳动，是为社会创造价值的劳动。现在女性相对男性退休较早，并不是闲下来了，而是可能在家帮忙带孩子。因为国内针对0—3岁的孩子的公共服务缺口很大，针对0—3岁的孩子建立机构化的照护，又很容易出现问题，因为0—3岁的孩子没有任何表达能力和自我保护能力。所以，从前被认为是家庭事务的家庭照护，其实是一种社会劳动，是为社会创造价值的。

如今，国际劳工组织一直在主张，照护应该成为一项工作。所以，很多国家给在家照顾老人孩子的人发社会工资，还有组织为家庭主妇争取权益。2018年，国际劳工组织发布文件《照护工作和照护职业：作为体面工作的前景》。国际劳工组织一直在提倡体面就业，这个议题也包括在体面就业的大议题当中。

（资料来源：法制视界，有删改）

你认为家庭劳动具有社会价值吗？谈谈你的想法和理由。

在很长一段时间里，家庭劳动往往被认为是不具有社会价值的劳动。因为家庭劳动发生在比较私密的家庭场所，其服务对象也是家庭成员本身。因此，其价值在很长一段时间都被忽略。但从20世纪中叶开始，很多国家开始注意到家庭劳动，尤其是在家庭劳动中占据大部分内容的家务劳动的价值。

（一）家庭劳动是劳动力再生产的手段

1960年，日本学者矶野富士子教授在《妇女解放的混迷》一文中提出，家务劳动不仅有用，而且产生价值。她认为，是否承认家务劳动的价值，关系到妇女在社会和家庭中的地位，只要承认妻子具有独立的人格，妻子就应当对于自己的劳动，有要求相当报酬的权利。家务劳动是劳动力再生产所不可缺少的生产手段，当然产生价值。此价值构成劳动力即商品价值之一部分，因此，家庭主妇可以从丈夫的职业所得中要求取得因家务劳动所附加的价值部分。她的这一观点，得到许多学者的赞同。

（二）家庭劳动减少家庭财产流出

我国台湾地区有学者进一步指出，家务劳动是非商品交换的劳动，故对社会而言，无经济的价值；但于社会关系中无经济价值的劳动，于家庭关系中，未必就无价值。事实上，家务劳动对整个家庭而言，不仅有用，而且有价值。家庭成员为家务劳动，则不必支付对价予他人，家计费用即可减少，而其减少部分，对家庭而言，就是家务劳动的价值。家务劳动之防止家庭中积极财产流出的功能，即为其获得评价的主要根据。

（三）家庭劳动与家政服务的价值代换

著名经济学家贝克尔在1985年倡议将家务劳动纳入国家的GDP体系中，自此以后不少国家也纷纷核算家务劳动在GDP中的占比。如何计算每个家庭的家务劳动呢？以综合替代法为例，将家务劳动的价值用全日制家政服务人员的收入水平替代计算。例如：小明家在上海市，网上显示上海市家政服务人员平均每月工资是5 300元。综合替代法"家务劳动的价值=家政服务人员的收入"，那么，小明家每月家务劳动的价值差不多就是5 300元。

承认家务劳动的价值，不仅可以在一定程度上促进家庭成员认识到家务劳动对家庭的贡献，同时也促使社会尽快认识家务劳动对家庭和社会的贡献，承认从事家务劳动所付出的时间成本和机会成本。因此，我们要看到家务劳动的价值，尊重家务劳动，看到在家庭中默默付出的人。

阅读思考

整理收纳师

整理收纳行业源于美国，21世纪后于日本发展壮大，2016年开枝散叶至中国。2021年被国家人社部认证为新兴职业。

同时，2018年底中央电视台财经频道也有新闻报道，整理行业在未来两年的职业岗位需求将近2万，但当时全国职业整理师人数只有2 000多人，更多的是兼职整理师，出现了市场需求和专业人才数量不对称的问题，所以这个行业的前景是非常可观的。

工作中的整理收纳师

整理收纳师需要全面梳理家庭的物品情况，根据已有空间给每一件物品准备一个恰如其分的位置，以此提高家庭在日常生活中的运转效率。整理收纳师通过帮助客户处理人与物品、空间的关系，对空间进行规划和合理利用，从而让人对当下的居住空间、工作空间感到舒适。杂乱的环境不仅会深刻影响人们的居住环境、身体健康，而且找寻物品的时间和精力更是会影响人的心绪。所以从这个角度来说，整理收纳不仅是帮助雇主整理物品，也是帮他们整理心情，远离负面情绪。

曾有报道称，超四成整理收纳师年收入逾10万元，城市经济越是发达，收纳整理业务需求越旺盛，工资也越高。

市场大、需求旺、收入高，让这个职业自然很受青睐。现如今，很多家政培训机构都开设了相关课程，收纳课程的收费一般都不便宜，但是愿意花钱提升自己的家政人员越来越多。

整理收纳师走进人们的生活，帮助人们打理生活，不仅给家庭治理带来新的理念与服务，还以崭新的服务姿态让人们的生活更具条理性和艺术性。

1. 有人认为家庭劳动、家政服务是技术含量不高的体力劳动，看完上面的材料，谈谈你的看法。

2. 整理收纳师这一职业是否让你对家庭劳动的价值有了更深的理解？

三、家庭劳动由谁来做？

家庭劳动，是每个家庭成员都有责任和义务参加的活动。在日常生活中，家庭劳动往往复杂、繁琐，需要付出一定的时间和精力，而且具有一定的重复性，诸如洗衣、做饭、收拾房间等。但正是这些细小又单调的工作，支撑起了家的样貌，让家庭成员能够在家里舒适地生活。因此，每一个家庭成员都有承担家庭劳动的责任。

家庭劳动，家庭成员一起做！

阅读思考

案例1

网友"小米"：我做饭老公洗碗，我扫地老公拖地，小孩我们一起带，周末轮流看望双方父母，家务活儿双方平均分担，这是我们一直其乐融融的关键所在。

网友"小王先森"：我今年17岁，是一名职教生。现在，我也开始承担家务活儿了，从最开始的手忙脚乱，到现在已经游刃有余。周末我还会自己下厨，做一桌大餐和家人一起吃，我们一家人越来越开心了，我和爸爸妈妈关系也越来越融洽。

网友"李妈妈"：我儿子现在上小学四年级，我已经开始让他做家务了。虽然他现在只能做一些像整理自己的书桌、倒垃圾这样简单的家务活儿，但做家务的习惯是要慢慢培养的。这可不仅仅为了锻炼他的动手能力，更重要的是要培养他的耐心和爱心。也只有这样，未来他才能更好地承担起对家人的责任。

案例2

2020年9月，海南省人民政府印发《海南省妇女发展规划（2021—2030年）》（以下简称"规划"）。规划提出，到2030年，海南省男女平等和妇女发展综合水平取得实质性进展。规划提出，要保障妇女获得公平的劳动报酬，使男女收入差距明显缩小。同时，倡导和支持男女共担家务，缩小两性家务劳动时间差距。此外，促进夫妻共同承担未成年子女的抚养、教育、保护责任，为未成年子女身心发展创造良好家庭环境。

倡导和支持男女共担家务，显然是基于"以往主要由女性承担家务"这一预设前提而言。尽管现代社会中，传统的性别分工秩序被极大颠覆，但"家务劳动"更多由女性成员完成，仍是不争的事实。此前一份权威统计数据显示，女性仍是无酬劳动的主力，且女性无酬劳动的参与率均高于男性。置于此等背景下，海南这份官方文件专门提出"倡导和支持男女共担家务"，也就不难理解了。

海南官方文件特意提到，"倡导和支持男女共担家务"，就是旨在通过公共引导，撬动家庭内部分工陈规。公共倡导从来是移风易俗的有效力量，更多分担女性的家务负担，不仅能推动广泛意义上的男女平等，更是一个发达就业市场的客观需求。共担家务，不是斤斤计较，而是彼此体谅。毕竟，家务从来不只是负担，也是家庭生活不可绕过的一环。共同做家务，是家庭成员交流、互动的重要场景。

1. 你觉得家庭劳动应当由夫妻双方谁来承担？结合以上案例，谈一谈你的想法。

2. 你家的劳动分工是什么样的？你觉得有哪些可取的地方？有什么可以改进的吗？

（一）家庭劳动的性别分工

由于社会历史文化等因素，家庭之间也存在着不同的分工。在原始社会，由于男女身体天然优势的差异，往往是男性承担外出打猎的工作，女性留守在群居的部落，负责采摘果子、编织、照顾老人和孩子等。在中国传统社会中，"男主外、女主内"的思想也根深蒂固，男性往往更多扮演社会角色来为家庭获取经济收益，而女性更多在家负责家庭劳动。但随着近现代以来社会的不断发展变革，女性也有了更多参与社会工作的机会，传统的"家务劳动只需要女人来做"的思想已经不再适用。如今我们很多人都生活在双职工家庭，夫妻双方都有自己的工作和事业，同时需要照顾家庭。因此，在现代社会，我们需要找到新的家庭分工模式，来保障家庭健康地运转。

1. 影响家庭劳动分工的因素

家务劳动到底由谁承担，属于家庭内部自治事项，没有统一范式、标准答案。现实中，究竟谁做家务，取决于很多因素。其中最主要的是经济因素，职业属性、薪酬回报，直接影响个体从事家务的时长。显而易见的道理是，当其职业回报达到一定水平，"做家务"便不经济。现代社会中，女性的就业机会越来越多、职场地位越来越高，这奠定了重新划分家庭家务劳动的经济基础。除了经济因素，决定"家务分摊"的，还有传统观念因素。时至今日，"男主外，女主内"的观念仍有相当大的市场。但随着时代发展，平等的性别观念促使男性更多地分担家务，这更有利于婚姻的和谐和家庭的幸福。

2. 家庭劳动需要共同承担

无论是丈夫还是妻子，都有义务完成一定的家庭劳动。具体的分工可以根据具体情况进行安排，充分考虑家庭成员的特点和优势，以及工作安排。比如夫妻一方擅长做饭，那另一方就可以承担起洗碗、打扫卫生等家务；如果某一方的工作比较繁忙，那么另一方也可以相应多承担一些家务。家庭的劳动分工，并不是要求平均分，也不应全部由某个人承担，而应该在经过家庭商讨后形成一套合理的、符合家庭具体情况的分工方案。

（二）家庭劳动从我做起

家务劳动不只是成人的责任，作为家庭的一份子，我们也应当承担起一定的家务劳动。从整理自己的书包、书桌，到洗刷碗筷、扫地拖地，再到学习做饭和洗衣服。承担家务不仅可以减轻父母的负担，让我们从小掌握必备的生活技能，也有助于培养独立性和责任感。

小试身手

换被套是我们常见的家务劳动，你自己会换被套吗？有关换被套的小技巧你掌握多少？扫码观看旁边的操作视频，回到宿舍或家里，自己也试试吧！

微课视频

换被套小妙招

古人家庭中的劳动教育 ①

在我国古代家庭教育中，一些明智的家长很重视对子女的劳动教育。晋朝陶渊明，在赴彭泽县当县令时，特地告诫儿子："我不在家，你们要勤快一点，不要懒惰奢侈，光让佣人干活，自己图清闲。"清代郑板桥，对自己52岁才得来的宝贝儿子，也注意进行劳动教育。他在外地当县令时，专门写信给家里，让家人教育好儿子。他还抄录了"锄禾日当午，汗滴禾下土。谁知盘中餐，粒粒皆辛苦"等五言诗，让儿子经常"且读且唱"，体会其意。郑板桥的用意就是要让儿子懂得劳动的艰难，珍惜劳动成果，热爱劳动，热爱劳动人民。

古人在对子女进行劳动教育时，希望自己的子女能以劳动为生存之本，自食其力。五代时期的周朝有一位官员叫周行逢，为官清正廉洁。他有一个女婿叫唐德，好吃懒做，不爱劳动。一天，唐德来到岳父家里，想求岳父给谋个官职。周行逢没有答应，却买了几亩地和一头耕牛送给他，让他靠自己的辛勤劳动生活。

古人还把劳动作为培养子女远大志向和高尚道德情操的重要途径。明朝嘉靖年间两浙转运使史桂芳，为官时经常体察民间疾苦，关心劳动人民。他写的《与言儿稽孙》，专门讲劳动与培养高尚品德情操的关系："陶侃运甓，自谓习劳，盖有难以直语人者。劳则善心生，养德养身咸在焉；逸则妄念生，丧德丧生咸在焉。吾命言儿稽孙，不外一'劳'字，言劳耕稼，稽劳书史，汝父子其图之。" ②

---

① 史世海.中国古代崇尚劳动的家风［J］.决策探索（上），2020（15）：78-79.
② 陶侃是东晋人，做广州刺史时，每晨将甓（pì，指砖）百块从室内搬至室外，傍晚再搬回，人问何故，他回答为了致力于恢复中原的事业，过于安逸，则不堪任事。史桂芳用这个例子是为了告诉子女辛勤劳动可提高道德与生机，安逸享乐则有损品行与身体，从而突出了"劳"是人之所必需的道理。

在这里，史桂芳以陶侃为了激励斗志，每天坚持运砖的事例，说明劳动则"善心生"，既锻炼了身体，又能"养德"；不劳则"妄念生"，就"丧德"。

陆游一生创作诗歌9 300余首，其中教育儿孙的诗歌就有140余首，他那以农为乐、勤力稼穑的淳朴思想，默默跃然于字里行间，尽显一片齐家深情："愿儿力耕足衣食，读书万卷真何益""更祝吾儿思早退，雨蓑烟笠事春耕""但使乡闾称善士，布衣未必愧公卿"……陆游以诗歌的形式传递崇尚劳动的家风，有如春雨润物，成为古代家教中的一段佳话。

1. 看到古人如此重视对子女的劳动教育，你有什么感受？

2. 你在家中参与劳动吗？你觉得职教生是否有必要参加家庭劳动？

劳动是财富的源泉，也是幸福的源泉。人世间的美好梦想，只有通过辛勤劳动才能实现；生命里的一切辉煌，只有通过辛勤劳动才能铸就。中国古代家风中的劳动教育，植根于中华优秀传统文化，承载着以劳动立德树人的理念。在科学进步和社会飞速发展的今天，我们虽然不必像古人一样只能通过务农来维持生计，但是劳动的重要性从未变过。作为家庭的一份子，我们需要承担家庭劳动，这不仅仅是中华传统美德的体现，也是为了让我们更好地生存和成长。

实践探究

同学们，一家人一起劳动是一件幸福又温馨的事，今天回家，就和自己的家人一起完成家庭劳动吧！让我们先从家庭劳动分工开始！

家庭劳动分工表

项目	具体内容	负责人	标　准	打分（10分）
用餐	买菜		根据用餐人数购买，营养搭配，拒绝浪费	
	做饭		荤菜素菜营养汤，洗菜、炒菜、装盆、刷锅、擦洗灶台及灶台周边瓷砖	
洗衣	换洗衣服存放		每天换洗衣服统一存放在不同洗衣筐中	
	洗衣		洗衣时要注意内衣、袜子和其他衣服分开	
	晒衣		晒衣时要注意将衣物表面皱纹打平，防止起皱	
	收衣、叠衣		阳台上晾晒的衣物晒干时要及时收回避免落灰，收回的衣服要整齐叠起来，并分类放到衣柜中，不能叠的要挂在衣柜中	
卫生	床品定期清洗		被套床品清洁卫生	
	每日晚间拖地		地板、瓷砖干净无杂物	
	每日晚间桌面整理、各类收纳		物品摆放整齐、收纳归类	
	卫生间最后使用的人打扫（地面、墙面、洗脸盆、马桶等无水渍）		使用卫生间专用清洁剂进行清洁，无灰尘、无水渍、无头发、无卫生死角	

续　表

项目	具体内容	负责人	标　　准	打分（10分）
卫生	周末大扫除（地、墙、窗等）		用清洗剂清扫，无灰尘、无水渍、无头发、无卫生死角	
	垃圾桶		满了及时更换，垃圾处理注意分类	
空间清洁	卧室清洁（衣橱、床铺等）		物品摆放整齐、整洁无灰尘	
	书房清洁（书桌、椅子、书架等）		干净、整洁，书排列整齐	
	客厅清洁（沙发、茶几、电视机等）		表面无灰尘、油污，多余物品要及时清理	
	厨房清洁（油烟机、灶台、水池等）		表面无油污、灰尘、水渍，物品摆放整齐	
	阳台清洁（花草浇水）		无杂物、无灰尘	
地板清洁	地面		每天需要用吸尘器将地面清洁一遍	
	拖地		拖地前使用吸尘器清洁一遍并配合地板液使用	

评分标准：

10分：积极主动完成任务，并且完成质量高，家庭成员很满意。

9—8分：任务完成较好，小方面有提升空间，家庭成员较满意。

7—6分：态度不积极或者完成任务一般，家庭成员满意程度一般。

5—4分：完成任务敷衍、任务质量较差，家庭成员满意程度较低。

1—3分：完成任务质量很差，家庭成员不满意。

争做家务小能手

"一屋不扫，何以扫天下？"做家务似乎只是简单的重复性动作，是一件"小事"，但其实好处很多。我们不仅能通过做家务体验劳动的乐趣，还能深入体验专注的力量。

请根据自己家庭的具体情况制定家务劳动计划，并严格执行。要求用PPT或短视频的形式记录劳动过程，并在班级内展示、评比。

过程记录包括具体计划、计划实施情况、计划实施难点及解决方案、实际实施难度及解决方案等，并让家长点评。

家务小能手评价表

项目内容（自己填写，可以加行）	评 价 指 标			
	劳动参与（√）		劳动技能（√）	
	偶尔参与	经常参与	基本掌握	熟练掌握
1　清洗衣物				
2　清洗书包				
3　打扫家里卫生				
4　摆放桌椅				
5　分类投放垃圾				
6　定期整理居室里的书、衣、鞋柜				
7　整理课桌				
8				
9				
劳动体会（自己填写）				
家长整体评价				

第二课 幸福家庭我来创

 **榜样启迪**

化身家庭小帮手

在假期中，某校学生纷纷发挥各自所长，化身家居劳动小能手，帮助家里减轻劳作负担。

酒店管理专业学生小唐平时喜欢研究美食，寒暑假期中她几乎包揽了家中的早饭和午饭。"一来帮助妈妈分担家务，二来向家人展示我的厨艺，同时也督促大家用行动去孝顺爸妈。"小唐说。

小于同学是旅游管理专业的学生，家里人说想趁着假期逛逛上海。小于自告奋勇担任了这支"家庭旅游团"的导游，带领大家参观了东方明珠、豫园、龙华寺等著名景点。在这个过程中，小于充分运用自己的专业知识，讲解细致到位、生动有趣，赢得一众亲朋好友的夸赞。虽然担任导游不是我们通常意义上的家庭劳动，但是小于也为家庭付出劳动，做出了自己的贡献。

该校滇西来沪学习的学生小董利用假期帮外公外婆做家务和农活。"陪外婆去河边洗衣服，陪外公种树，插苗、浇水、育肥……这些事情我都感觉很有意义。外公外婆年纪大了，能陪他们一起干活我很开心。"小董说。

问题探究

◆ 你的专业是什么？你觉得你有哪些专业知识可以运用到家庭劳动中呢？

 **认知明理**

一、形式多样的家庭劳动

提到家庭劳动，大家都能想到很多，诸如洗衣服、打扫卫生、买菜、煮饭、洗碗、整理杂物、倒垃圾等。家务内容复杂，既有开门七件事：柴、米、油、盐、酱、醋、茶，也有缝新补烂；既有家畜、家禽的饲养，还有房屋的修建，以及家具的购置、保管、使用等。家务事琐碎而繁杂、变化多，而且不同的家庭所面临的情况不同，涉及的家务劳动的内容也有所差异。

（一）家庭劳动的内容

总体来看，家庭劳动可以分为以下几个方面。

1. 日常生活劳动

日常生活劳动主要与家庭中个人的生活技能有关，比如卫生的保持，包括清洗衣物、养成垃圾分类的好习惯等；房间的收纳与清洁，包括整理家庭不同的空间，养成勤打扫的好习惯等；家庭常用器具的使用，包括在掌握安全用电知识的基础上，使用工具进行烹饪等。

2. 生产性劳动

生产性劳动具有比较明显的生产性质。比如养护家中的绿植或小动物等，也包括家庭物品的制作或修理。很多长辈都有自己织毛衣、纳鞋底的经历，也有家庭成员会作为木工为家庭打造桌子、椅子等。除此之外，现代很多年轻人也流行自己动手制作小物品，来布置和装饰家庭环境。这些都属于生产性的家庭劳动。

3. 服务性劳动

除了日常生活的维持和家庭必要的生产活动，家庭之中也存在着服务性劳动。服务性劳动往往指发生在家庭成员之间的具有服务、照顾性质的劳动。这种服务可以是单向的，诸如照顾刚出生不久的婴儿、赡养年迈的老人等；

也可以是双向的，比如丈夫为妻子按摩、妻子为丈夫做饭、孩子给爸爸妈妈洗脚等。

（二）家庭劳动的方法

面对家庭劳动，我们不仅要了解形式和内容，也要掌握家庭劳动的基本技巧和方法。当我们掌握了科学合理的劳动方法时，我们的劳动效果也会事半功倍。要掌握这些技巧，需要我们在实践中勤学苦练，只有多尝试，多体验，才能逐渐掌握家庭劳动的诀窍。此外，我们也需要主动学习，发挥自己的智慧，在家庭劳动中融入自己的思考。

在这里主要介绍两种重要的家庭劳动的方法——烹饪和收纳。让我们来看看同为职教生的两位同学为我们提供的经验吧！

阅读思考

1. 烹饪，是艺术也是科学

谈到家庭劳动，很多人第一反应都是做饭。有人认为做饭是小事，但做饭这样的"小事"，常常也是考验我们独立生活能力的"大事"。从"家常菜"到"营养均衡、色味俱佳的佳肴"，做饭不仅是一项生活技能，也能让我们享受烹饪的乐趣，用美食调剂生活。

你为家人烧过菜吗？会用哪些方法进行食物烹调？烹饪专业的小李是二年级的学生，他在学习了专业知识后，给大家介绍了一些烹饪常识：

（1）烧肉不宜过早放盐：盐的主要成分氯化钠，易使肉中的蛋白质发生凝固，使肉块缩小、肉质变硬，且不易烧烂。

（2）油锅不宜烧得过旺：经常食用烧得过旺的油炸菜，容易导致低酸胃或胃溃疡，如不及时治疗还会发生癌变。

（3）肉、骨烧煮忌加冷水：肉、骨中含有大量的蛋白质和脂肪，烧煮中突然加冷水，汤汁温度骤然下降，蛋白质与脂肪即会迅速凝固，肉、骨的空隙也会骤然收缩，肉、骨不会变烂。而且肉、骨本身的鲜味也会受到影响。

（4）炒鸡蛋不宜放味精：鸡蛋本身含有与味精相同的成分谷氨酸。因此，炒鸡蛋时没有必要再放味精，味精会破坏鸡蛋的天然鲜味，当然更是一种浪费。

（5）反复炸过的油不宜食用：反复炸过的油，其热能的利用率只有一般油脂的三分之一左右。而食用油中的不饱和脂肪酸经过加热，还会产生各种有害的聚合物，此物质可使人体生长停滞、肝脏肿大。另外，此种油中的维生素及脂肪酸均遭破坏。

（6）冻肉不宜在高温下解冻：将冻肉放在火炉旁、沸水中解冻，由于肉组织中的水分不能迅速被细胞吸收而流出，就不能恢复其原来的质量。遇高温时，冻猪肉的表面还会结成硬膜，影响了肉内部温度的扩散，给细菌带来了繁殖的机会，肉也容易变坏。冻肉最好在常温下自然解冻。

烹饪不仅是艺术，也是科学。合理安排一日三餐，其中早餐要营养，午餐要丰富，晚餐要易消化。每一餐都应有主食和副食，主食做到粗细搭配，副食应兼有动物性食物和植物性食物，并注意干稀搭配。

为了营造良好的家庭氛围，全家可以一起尝试自制健康（少糖、少油，天然食材）零食和点心。如果家人在此期间感觉压力大，可适当增加鱼、禽、肉、蛋、奶、大豆等含优质蛋白质的食物，多吃深绿色、橙黄色、紫红色等深色蔬菜水果，保证充足的维生素和矿物质。如果食欲不好，可将食物做得更软烂，比如鸡蛋做成鸡蛋羹、瘦肉做成肉末等。

2. 收纳，科学断舍离

收纳、断舍离是近年来非常流行的词。什么是收纳呢？前文我们也介绍过整理收纳师这一职业，收纳是其工作中非常重要的一环。从字面上理解，收纳包含"收"与"纳"，是指好好将物品收容、存纳，也指令一切物品在空间中遵循一种合理流畅的秩序。整理是一种思维，收纳是呈现方式。一味地"断舍离"并非正确之道，合理的收纳才是生活的真实模样。

小乔同学在新学期进入职校学习。在学习中，学校实训室的6S管理深深影响了她。6S管理内容有整理（SEIRI）、整顿（SEITON）、清扫（SEISO）、清洁（SEIKETSU）、素养（SHITSUKE）、安全（SAFETY）六个方面，通过规范现场、现物，营造一目了然的实训工作环境，培养良好的工作习惯，提升个人品质。她思考将6S管理运用到家庭中。于是，她着手先对自己的房间进行整理。我们一起来看看小乔是怎么做的。

整理 将工作场所的任何物品区分为有必要和没有必要的，除了有必要的留下来，其他的都清除掉。

整顿 把留下来的有必要用的物品依规定位置摆放，并放置整齐且加以标识。

素养 每位成员养成良好的习惯，并遵守规则做事，培养积极主动的精神。

清扫 将工作场所内看的见与看不见的地方清扫干净，保持工作场所干净、亮丽。

清洁 将整理、整顿、清扫进行到底，并且制度化，经常保持环境处在美观的状态。

安全 重视成员安全教育，每时每刻都有安全第一的观念，防患于未然。

6S管理内容

（1）按照使用频率分类收纳物品，即常用的物品放在显眼处，不常用的物品收纳在柜子内。例如，厨房内台面上放置油、盐、酱、醋等常用物品，备用油、盐等放在柜中；将每天出门需要换的衣服、帽子等挂在随手可拿的地方，换季的衣服放在柜子里或收纳箱中。

（2）借助收纳盒。厨房的抽屉内，可配置大小合适的分餐盒，将筷子、汤匙等分别置于其中；书桌的抽屉内，可以借助不同的小盒子划分区域，使小物件井然有序。

（3）垂直收纳，即利用家或寝室内空着的墙面收纳物品。例如，在书桌的上方放置两层或者三层的隔板架，在厨房墙面悬挂收纳篮等。

（4）利用好角落空间。沙发、餐厅、卧室等地的角落是很好的收纳空间，好好利用这些角落空间（如放置移动的收纳架），不仅不会显得拥挤，还会营造出一种特别的美感。

1. 看到以上两位同学的劳动方法，你有什么感想？

2. 你还知道哪些家庭劳动的方法和技巧？

知识链接

烹饪过程中需要注意的安全知识

★用火安全

在利用燃气灶等明火烹饪食物时，应注意以下四点：

（1）烹饪过程中不要远离厨房，以防汤水溢出浇灭燃气灶火苗造成燃气泄漏事故。

（2）厨房内禁止存放酒精、汽油等易燃危险物品，以免引起意外失火。

（3）保持燃气灶周围空气流通。

（4）若闻到煤气味，怀疑燃气泄漏，应立即关闭燃气阀门和附近的火源，同时打开门窗进行通风，注意不要开关任何电器，包括手机。若煤气味强烈，则应立即外出打电话报警，并通知邻居疏散。

★用电安全

在用电饭煲、电磁炉等电器烹饪食物时，应注意以下两点：

（1）湿手不得接触电器及电器装置，以防触电。

（2）电器用完后应关掉开关并拔下插头，防止电器因长时间通电而损坏。

★烹饪工具使用安全

在使用烹饪工具的过程中，应注意以下三点：

（1）玻璃器皿、瓷器不能摆放在台面边缘，以免摔破伤人。

（2）在使用刀具前，应检查其是否存在裂纹、松柄、锈蚀等现象，避免在使用过程中发生意外。

（3）刀具在使用完后应插入刀套或刀架内，不得放在操作台边缘及过高处，以免坠落伤人。

（三）家庭劳动的工具

"工欲善其事，必先利其器。"想要顺利完成家庭劳动，不仅要掌握相应的技能，也要了解和学会使用各种工具。好的工具的使用往往可以对我们的家庭劳动起到事半功倍的效果。家庭劳动的工具种类、功能十分丰富，不同类型的家庭劳动所使用的工具不同，不同时期的家庭劳动所使用的工具也有着明显的变化。

工具的作用就是帮助人们更好地完成家庭劳动，因此了解工具的功能非常重要。与此同时，工具的使用还涉及不同工具的相互配合。以烹饪为例，我们需要煤气灶、抽油烟机、电磁炉等基础工具来为我们提供热量；需要各种各样的锅具，来适应不同类型的烹饪，比如制作面食的时候需要用到蒸锅、炒菜的时候需要炒锅、炖汤的时候可能会用到砂锅等；还需要铲子、勺子等翻炒、搅拌类工具。除此之外，随着科技的发展，我们如今也随处可见烤箱、微波炉、电饼铛、空气炸锅等能够独立制作食物的工具。工具的选取和使用取决于我们的实际需要，而这也是我们人类智慧的体现。

阅读思考

清洁工具的变迁历史

1. 鸡毛掸子

鸡毛掸子源于我国。早在四千年前的夏朝，传说有个叫少康的人，一次偶然看见一只受伤的野鸡拖着身子向前爬，爬过之处的灰尘少了许多。他想，一定是鸡毛起作用将地面拖得很干净，于是抓来几只野鸡拔下毛来制成了打扫灰尘的工具。这就是鸡毛掸子的由来。

鸡毛掸子

2. 扫把

因为鸡毛太软，而且很不耐磨，打扫墙面或者物品表面的灰尘还行，打扫地面就极其不方便了，再加之鸡毛也不方便获取。后来，少康又用竹条、草秆等替代鸡毛，把鸡毛掸子改造成了扫帚。

3. 抹布

随着时代的进步和生产力的提高，各种新材料被应用于生产生活中，比

扫把

如，人们用陶制器皿盛水、地面渐渐由泥土变成光洁的木板和石板。同时，人们发现扫把和鸡毛掸子根本无法扫干净地上的污渍。于是，大家就用小块的布打扫污渍，满足清洗的需求，这就是我们现在用的抹布。有种说法是，"抹布"与"麻布"音似，所以"抹布"由"麻布"衍化而来。

抹布

4. 拖把

抹布的发明虽然解决了物品的污渍问题，但是又和鸡毛掸子一样面临同样的问题，地面的污垢如何清洁？于是，有人就模仿少康发明扫帚的方法，在抹布上面装了一个长柄，这样就发明了一个新的清洁工具——拖把。后来，人们在拖把上面加配了"拧水"和"旋转甩干"的装置。

拖把

5. 吸尘器

随着工业革命的展开，英国土木工程师布斯发明了人类历史上第一台吸尘器，用强力电泵把空气吸入软管，再通过布袋将灰尘过滤。

1910年，丹麦"Fisker & Nielsen"公司，即现在的力奇先进公司开始出售可以单人操作的Nilfisk C1真空吸尘器。

吸尘器

两年后，瑞典斯德哥尔摩的温勒·戈林发明了横罐形真空吸尘器。

6. 扫地机器人

之后，人们又利用自动化技术的可移动装置与有集尘盒的真空吸尘装置，配合机身设定控制路径，给予了这台机器拟人化的清洁效果，由此发明了扫地机器人。随着改革开放的深入，吸尘器和扫地机器人的技术也先后传入了中国，减轻了大家生活中的家务负担。

扫地机器人

清洁工具变迁特点表

	鸡毛掸子	扫把	抹布	拖把	吸尘器	扫地机器人
	清扫作用		擦洗作用		清扫作用	
功能作用	打扫墙壁或者物件	清扫地面	清洗物品的污渍	擦洗地板	造成真空，将灰尘吸入机器，然后吹入口袋	真空吸尘
操作方式	人力	人力	人力	人力	人力	自动化
技术原理	鸡毛清扫	竹条清扫	沾水布料清洗	长柄抹布擦洗	强力电泵把空气吸入软管，通过布袋将灰尘过滤	自动化技术的可移动装置与有集尘盒的真空吸尘装置，配合机身设定控制路径
变化特点	1. 随着清洁要求的提高，清洁工具越来越多元； 2. 清洁工具逐渐升级变迁，解放了人力，所涉及的技术原理越来越高级，现代清洁工具多采用真空吸尘原理； 3. 清洁工具所使用的材料越来越复杂，制作工艺日渐复杂。					

微课视频

由劳动工具变迁引发的思考

小试身手

研究家庭劳动工具变迁史

请你仿照前文阅读思考的内容，也选择一个家庭劳动的方面，来研究其工具的变迁史。请按照时间顺序，梳理出不同时代的主要工具是什么，它们是如何被发明的，以及它们的功能和特点是什么，并填写家庭劳动工具变迁特点表。

_____ 工具变迁特点表

	工具1	工具2	工具3	工具4	工具5	……
	作用1		作用2		作用3	
功能作用						
操作方式						
技术原理						
变化特点						

二、将专业知识融入家庭劳动

根据职教学生的情况特点，在家庭劳动中，我们可以从自我管理和自我服务做起，同时也可以承担家中一些固定的劳动。我们要明白：不但自己的事情应该自己做，作为家庭中的一员，生活在这个家庭中，还有义务为这个家庭尽到自己应尽的责任。体验劳动的辛苦，懂得感恩家人；体验劳动价值，感受劳动乐趣，养成热爱家庭劳动的习惯。

不同阶段，我们可以做的家务有所不同。比如，一年级时我们可以较多承担家中的日常家庭劳动——烹饪、收纳、整理等，成为父母的帮手；对不同阶段的日常学习和生活习惯进行观察，了解和掌握基本的生活技能。当我们升入二年级、三年级时，已经对专业知识与技能有了一定的了解和掌握，自身也成长、成熟了不少，这时候家庭劳动的难度也要有一定的提升，我们可以开始承担更有难度的家庭劳动，将专业知识融入我们的家庭劳动中。

▶ 知识链接 ◀

医药专业二年级的学生小徐制作家庭药物备药小贴士

小徐是医药专业二年级的学生。今年寒假，他利用自己的专业知识，根据家庭成员的构成，为家人设计了家庭常备药的小贴士，主要覆盖内服药、外用药、特殊人群用药和辅助用品四大类别，我们一起来看看吧！

（1）内服药常见的有感冒药、解热镇痛药、止咳化痰药、止泻药、通便药、抗过敏药、助消化药七大类，一般不推荐储备抗菌类药物。

感冒药：可备酚麻美敏片、维C银翘片。感冒是自限性疾病，一般不用药物治疗，但服药可缓解症状。需要留意的是，很多感冒药都含有相同成分，为避免重复用药，应严格按推荐的剂量和用法服用。

解热镇痛药：常见的有布洛芬混悬液、对乙酰氨基酚片。该类药物主要用于缓解感冒引起的发热、头痛、关节痛等症状。

止咳化痰药：止咳药物可备氢溴酸右美沙芬片、蛇胆川贝枇杷膏；化痰药物可以选择盐酸氨溴索片、乙酰半胱氨酸颗粒等。

止泻药：可备口服补液盐散、蒙脱石散。前者能预防和纠正腹泻导致的脱水；后者是高效消化道黏膜保护剂，具有改善肠道吸收和分泌的功能。

通便药：可选乳果糖。它不被人体吸收，通过刺激结肠蠕动，缓解便秘，尤其适宜老年人、孕产妇、儿童及术后便秘者。

抗过敏药：可备氯雷他定。它属于抗组胺类抗过敏药，适用于皮肤过敏、食物及药物过敏等。氯雷他定除了有片剂外，还有儿童使用的糖浆剂和滴剂。

助消化药：如多酶片、健胃消食片等。

（2）外用药主要有外用消毒药，如75%乙醇（酒精）、碘伏等；其他外用药，如云南白药、风油精等。另外，创可贴、灭菌医用棉签、纱布、绷带等卫生材料也要备齐。

（3）特殊人群用药根据家庭成员实际需求准备。

（4）辅助用品主要包括小药箱、方便小药盒、定时药盒、切药器、研磨器等。

建议高年级的同学，在家庭劳动中能够渗透自己的专业；低年级的同学更多可以身体力行化身为家里的小帮手，开展家庭劳动，像小徐同学这样为家人服务。

机电专业的小冯同学给大家带来的家政维修小妙招

机电专业二年级的学生小冯，凭着自己的努力在专业学习中树立了自信。在家里，他发现家用电器、家具常常会随着使用频率、时间的增加而出现这样那样的问题。现在经过学习增强了动手能力之后，小冯觉得通过查阅资料，完全可以自行修理解决。比如：

- **冰箱不制冷**

冰箱出现不制冷的情况时，应首先检查冰箱的电源插头是否有问题。若电源插头没问题，可能是冰箱的内出水结冰造成了冰箱不制冷。

此时，我们可以使用一根有硬度的细棍疏通冷藏室的后壁出水口。

- **实木家具出现裂缝**

实木家具如因热胀冷缩出现裂缝，可采用以下补救措施：① 将旧棉布或破麻袋烧成灰，然后与生桐油搅拌成糊状，补到木器的裂缝中，阴干后即可补平裂缝；② 将撕碎的报纸加些明矾和清水煮成稠糊状，冷却后涂于木器的裂缝中即可将其补平。

- **家用燃气灶打不着**

家用燃气灶打不着火很可能是火盖、火孔被堵塞，或者电池没电造成的。可以先用细铁丝或牙签等清理火盖和火孔，清理完仍打不着火的情况下，可尝试更换燃气灶的电池。

三、以后我们还需要自己做家庭劳动吗?

近几年，智能家居的概念逐渐深入人心。智能家居是指以住宅为平台，利用综合布线技术、网络通信技术、安全防范技术、自动控制技术、音视频技术将家居生活有关的设施集成，构建高效的住宅设施与家庭日程事务的管理系统，能够提升家居安全性、便利性、舒适性、艺术性，并实现环保节能的居住环境。随着年轻人成为家电市场的消费主力军，其消费观念也不断年轻化，他们追求时尚、注重个性，对于产品的操控更加注重智能化，所以各个家电厂商都推出了个性化和智能化的产品。智能家居，诸如我们看到的扫地机器人、智能冰箱、消毒碗柜等，在很多地方可以帮助人们进行家务劳动，提高人们的生活质量。同时，家政行业可以帮助完成更多专业的工作，有越来越多的家庭愿意请家政人员来帮忙做饭、清洁家用器具等，甚至还有月嫂、住家保姆等或短期或长期的家政服务人员。如果我们的劳动都可以通过智能机器或者雇佣他人来实现，那么我们还需要亲自进行家庭劳动吗? 答案依旧是肯定的。

（一）人在家庭劳动中不可替代

首先，人类在家庭劳动中依旧具有一定程度的不可替代性。虽然智能家居或家政能够满足我们的大部分需求，帮助我们完成重复琐碎的机械劳动。但是，家庭劳动中依旧存在着一部分创造性劳动，当我们需要个性化地装扮自己的家时，当我们需要打造一个属于自己的空间时，就需要投入我们自己的精力和时间。

（二）家庭劳动蕴含情感价值

除此之外，家庭劳动中还凝结着情感价值。当我们亲手为家人做一顿饭时，我们劳动的意义就不仅仅是生产了一顿饭，而是向家人传达了我们的爱意。劳动幸福就意味着劳动本身是对我们最大的报偿。在家庭劳动中，我们真正作为家的一份子，承担家的责任，用自己的努力与家人共同创造温馨美好的家庭。只有这样，我们才是家的主人。

（三）劳动是人本质力量的体现

不仅仅是家庭需要劳动来维持，我们每个人也需要劳动，来帮助我们成为一个真正意义上的人。根据马克思的劳动观，我们人和其他动物的本质区别就在于我们能使生命活动本身变成自己的意识对象，而这一过程就是通过劳动实现的。劳动是我们人之为人的体现，是我们自我存在的方式。通过家庭劳动，我们也可以收获价值感和意义感。

小试身手

家庭劳动辩论会

一、辩论题目

既然能够点外卖，我还有必要自己做饭吗？

二、选择立场

从全班同学中选出一名主持人、一名计时员、两名记录员，其余同学分成正方和反方两组。主持人负责流程管理，计时员负责把控时间，两名记录员分别记录正方和反方的发言内容。每组有十分钟的准备和讨论时间。

三、辩论环节

1. 立论阶段

正方选出一名代表进行立论发言，时长3分钟；反方选出一名代表进行立论发言，时长3分钟。

2. 驳立论阶段

反方派出一名代表反驳对方立论，时长2分钟；正方派出一名代表反驳对方立论，时长2分钟。

3. 质辩环节

正方和反方依次向对方提问，由对方辩手进行回答。每次提问时间不得超过15秒，回答时间不得超过1分钟。双方共计三个回合。

4. 自由辩论

正反方同学可以自由发言，时长5分钟。

5. 总结陈词

由正反方各派出一名代表进行总结发言，时长3分钟。

四、活动总结

由老师进行观点总结，正反方各评选出一名最佳辩手。

实践探究

做一顿美味营养餐

一、操作目标

（1）掌握基本的烹饪方法和技巧；

（2）了解基本的烹饪营养知识；

（3）感悟在实践行动中取得的成就与获得的喜悦。

二、方法技能要求

（1）搜寻几个家常菜的基本做法；

（2）自己准备食材和调料品，完成2—3个菜的烹饪，注意荤素搭配；

（3）注意烹饪过程中的安全事项。

三、成果展示

使用图片或视频记录劳动过程和劳动成果，最后用PPT交流展示。

四、活动评价

评价项目	自 评	同学评价	教师评价	总 评
劳动技能				
劳动精神与态度				
视频制作/PPT展示效果				

注：评价采用打分制，满分10分。

我来试试科学"断舍离"

一、活动目标

（1）明白家庭整理的优势和好处；

（2）掌握保持设施整洁、物品井然的方法；

（3）感悟在实践中取得的成就与获得的喜悦。

二、活动准备

（1）搜寻并记录一些收纳方法；

（2）准备一些收纳盒；

（3）选择家中（自己房间）或者学校一处（自己座位）进行整理和收纳。

三、成果展示

以PPT或者小视频的方式展示劳动过程和劳动成果。全过程记录，尤其突出整理前后的对比；分享自己的整理小技巧，其间收获的实用小技能。

四、活动评价

评价标准	自　评	同学评价	教师评价	总　评
收纳准备充分				
收纳方法得当				
收纳过程有序				
收纳结果满意				
PPT制作精美/视频制作剪辑精美				

注：评价采用打分制，满分10分。

第二单元
劳动创造文明校园

02

【单元介绍】

　　劳动创造了人本身，人又成为劳动的主体。中华民族是一个勤劳的民族，用辛勤劳动创造了五千多年灿烂文化，也将用奋斗书写未来的精彩华章。本世纪中叶要把我国建设成为富强、民主、文明、和谐、美丽的社会主义现代化强国，以中国式现代化全面推进中华民族伟大复兴，需要我们每一个人的不懈努力和奋斗。作为一名职业院校的学生，努力提升劳动素养，塑造健全人格，锻造高尚品质，未来成为一名高素质的建设者和劳动者，积极投身社会主义现代化强国建设，是历史赋予我们的使命和责任。学校劳动是提高技能、锻炼品格的重要途径，我们要充分利用好学校劳动搭建的平台，练就过硬本领，敢于接受挑战，用踏实的行动担当大任，激荡强大的青春力量。

【学习目标】

　　1. 了解学校劳动的内涵；理解学校劳动的价值和参加学校劳动的意义。

　　2. 树立热爱劳动、尊重劳动的正确观念；积极承担并完成学校各项劳动任务。

　　3. 掌握学校劳动技能；能够在教师和相关专业人员指导下完成相应劳动任务。

　　4. 养成自觉参加学校劳动的习惯，培养吃苦耐劳的劳动精神，增强学校主人翁意识。

第一课 助力成长成才的学校劳动

 **榜样启迪**

身 边 的 榜 样

——"劳动之星"诞生记

某校每年都要举办年度"文明之星"的评选活动，"劳动之星"是其中的一个子项目，评选条件是"热爱劳动，自觉养成劳动习惯，积极参加劳动工作，不怕脏，不怕苦，不怕累；认真上好劳动周课，爱惜劳动成果，敢于同浪费现象作斗争"等。小李同学是该校21级物联网专业某班的劳动委员，她一直秉持劳动光荣的理念，长期坚持做难而正确的事，总是用实际行动发挥劳动委员的带头和引领作用，以积极的劳动行为提升劳动委员的影响力。

她恪尽职守，认真负责，每周提前做好周劳动计划，每日分配劳动任务。她以身作则，严于律己、宽以待人，当她发现教室的卫生水桶空了，二话不说拿起水桶就去打水；当值日生忘记扫地，她一言不发自己拿起劳动工具把教室打扫得干干净净。无论劳动任务多艰巨，她总是冲锋在前，不怕脏、不怕累，也从不抱怨。她总是用自己的"劳动"行为默默地为班级同学服务。在她的影响下，班级的其他同学在诸如寝室卫生、班级值日生、学校大扫除以及其他义务劳动方面都完成得非常出色。班级在学生管理部门每天公布的文明班级评比中一直名列前茅，并在年终学校文明班级的评选活动中受到学校的表彰。同学们在整洁、清新的教室里学习，享受着自己的劳动成果，都对小李同学的付出心存感激，对她的以身作则倍加赞赏，一致推选小李同学为"劳动之星"。

💡 **问题探究**

◆ 被评选为"劳动之星"的小李同学诠释了什么劳动精神?

◆ 你身边有类似小李同学这样的"劳动之星"吗? 你觉得你能向他们学习什么?

 **认知明理**

一、丰富多彩的学校劳动

提到学校劳动，人们最容易想到的是以打扫卫生为主的校园环境清洁和美化活动，目前常见的学校劳动主要也是一些日常性的体力劳动，如寝室内务、校园清扫、教室装扮、图书管理、餐厅打饭与洗碗等。但学校劳动的内涵远不止于此。在探索学校劳动的更多内容之前，我们先来回顾一下劳动的历史变迁。

劳动作为一种人类实践活动，随着社会的发展产生了历史变迁。人类的原始劳动形态主要包括狩猎、采集和手工劳作，劳动的目的只是满足基本的衣食需求，主要的劳动工具也是比较单一的石器。在原始社会末期，人们过上了"日出而作，日入而息；凿井而饮，耕田而食"的劳动生活，他们在大自然的节律中找到了自己的生活节奏，逐渐过渡到了农耕时代。随着劳动工具从石器发展到青铜器、铁器，社会的生产力得到了极大的提升。铁犁、翻车、镰刀都是这一时期的家庭劳动常见工具。但从"汗滴禾下土""面朝黄土背朝天"等描述可以看出这一时期人类的农业劳作模式，人类主要还是依靠体力在土地上辛勤耕作。

蒸汽机的发明，工业革命的到来，使得劳动的工具获得了升级，人们也从一些体力劳动中解放了出来。工业时代的到来，劳动的形态也发生了剧变，从以家庭为单位的零散的劳作转变成了一种工厂化的、集体性的大规模生产行为。劳动者们被分配在生产流水线上的不同岗位，被要求掌握必要的劳动技能和知识，会使用对应的劳动工具。

在信息科技时代，劳动得到了更为精细的分工。社会将不同种类的劳动划分为不同产业类别，有作为第一产业的农业、林业、牧业、渔业；第二产业的采矿业、制造业、电力热力燃气及水的生产和供应业、建筑业；第三产业的批发和零售业，交通运输、仓储和邮政业，住宿和餐饮业，信息传输、软件和信息技术服务业，金融业，房地产业，租赁和商务服务业，科学研究和技术服务业，教育、卫生和社会工作，文化、体育和娱乐业等。

实际上，学校中的劳动，也随着整个社会劳动形态的变迁而不断发生变化。在过去，学校中的劳动基本上都是围绕着传统劳动而展开的；现在的学校劳动，则越来越表现为专业化、科技化、现代化的发展趋势。比如说，在过去，学校内的卫生，基本上都由师生员工来完成；但是现在学校里面的很多劳动，我们都可以通过聘请专业公司或者员工来完成。而且，我们现在学校中的很多劳动工具与过去相比，也发生了很大的变化。一些学校有专门的扫地车、洒水车，这些都在很大程度上减轻了我们在学校劳动中的负担。

在这样的背景下，我们对于学校劳动的认识不能停留在简单的与校园环境维护相关的体力劳动上，也应该积极思考新时代的学校劳动需要什么样的劳动素养。

▶ 知识链接 ◀

马卡连柯、苏霍姆林斯基和凯兴斯泰纳的劳动学校 [①]

马卡连柯在高尔基工学团和捷尔任斯基公社长达16年的教育实践中，始终贯彻了教育与生产劳动相结合的原则，并取得了相当成功的教育效果。通过在学校里开展缝纫木工、牲畜饲养、铸工制图、电焊雕刻等体力劳动、手工劳动，马卡连柯成功地将数千名流浪儿、违法少年改造成为了合格的苏维埃工人。

在苏霍姆林斯基的帕夫雷什中学，所有的学生都必须参加生产劳动，并在生产劳动中培养劳动热情和形塑劳动技能。与之相应，学校亦是为各个年龄阶段的学生从事各种各样的生产劳动提供物质基础。学生

---

① 胡君进，檀传宝.劳动、劳动集体与劳动教育：重思马卡连柯、苏霍姆林斯基劳动教育思想的内容与特点［J］.国家教育行政学院学报，2018（12）：40-45.

可以从事的生产劳动项目有：机械设计和模型制作、树木和农作物栽培、研究内燃机制造、木材加工、养兔、养蜂、养牛、养猪等。

凯兴斯泰纳主张在国民学校里开设独立的劳作课，应该把学校办成"学生将来职业的预备场所"。课程的目的不在于介绍劳动本身和特定职业所需的材料，而是让学生养成对体力工作的兴趣和严谨的劳动习惯。可见，这种劳动教育本质上是一种在基础教育阶段进行的职业启蒙教育，其并不是让学生直接形成能够胜任未来专业岗位的职业技能，而是一种为职业教育做准备的品格教育。

小试身手

自己查找资料，尝试完成下列表格填空。

古今学校劳动对比

	劳动内容	劳动工具	劳动形式
古代学校劳动			
现代学校劳动			
未来学校劳动			

二、学校劳动的价值与意义

2016年4月26日，习近平总书记在知识分子、劳动模范、青年代表座谈会上的讲话中指出："素质是立身之基，技能是立业之本。广大劳动群众要勤于学习，学文化、学科学、学技能、学各方面知识，不断提高综合素质，练就过硬本领。要立足岗位学，向师傅学，向同事学，向书本学，向实践学。

三百六十行，行行出状元。任何一名劳动者，无论从事的劳动技术含量如何，只要勤于学习、善于实践，在工作上兢兢业业、精益求精，就一定能够造就闪光的人生。"作为职教生的我们，首先应该珍惜宝贵的在校学习机会，不仅要向老师学，向书本学，更要向实践学，向劳动学。要坚定政治信念，培养良好的道德品质，不仅要学好文化和专业知识，还要积极参加学校劳动，做到一专多能，全面发展，努力在学习和劳动中锻造高尚品格，以更好的自己适应国家和社会的需要。

🧠 阅读思考

　　某学校在组织学生参加的一次扫雪活动中，有一名学生全程没有戴手套，导致手指被冻伤。事情发生以后，有媒体在微博上发起"学生该不该为学校义务劳动"的讨论。有人认为，学生不是清洁工，不应该出来扫雪，北方天气严寒，让学生长时间在户外扫雪也不合适。也有更多人认为，学生应该参加学校劳动，这是学校劳动教育的一部分，不能因为某些特殊意外而否定学生参加学校义务劳动的必要性。

　　学校劳动大多具有"义务"性。请根据上述材料，谈一谈：

　　1. 学生应不应该参加校园劳动？

　　2. 参加校园劳动需要注意什么？

　　人们参与劳动常常是出于一种社会交换的需要，希望用"我"的特定形态的劳动，去换得"我"所需要的别人的劳动成果。比如厨师通过为他人提供可口的饭菜这样特定形态的劳动换取一定的劳动报酬——工资，再在劳动市场上换得自己生活的必需品，譬如：大米、鱼肉、书籍、电脑。但是，学校劳动与这里所说的劳动最大的不同就在于，学校劳动不以获得劳动报酬为目的，而是师生自我服务、自我成长的需要，它不产生交换，也不以获得劳动报酬为目

微课视频

学校劳动中的
成长契机

的。那么我们能够从学校劳动中获得什么？为什么要参与到学校劳动中来呢？

在学校劳动中，我们的身份依然是学习者。学生到学校是接受教育的，我们首先不是作为一名劳动者——生产"可以交换的劳动产品"的劳动者——这个身份走进校园的，虽然这并不排除我们需要参加劳动。但区别在于，学生到学校来，哪怕就是劳动也是接受教育，这是一种有别于课堂教育的教育。这样的劳动教育，其着眼点在于在劳动的过程中，培育适应学生个人终身发展和社会发展需要的正确价值观、必备品格和关键能力。因此，在参与学校劳动的过程中，我们并非为学校做免费的、没有任何报酬的"义务"劳动，而是要在其中把握促进自身成长的契机。正如列宁所言："没有年轻一代的教育和生产劳动的结合，未来社会的理想是不能想象的：无论是脱离生产劳动的教学和教育，或是没有同时进行教学和教育的生产劳动，都不能达到现代技术水平和科学知识现状所要求的高度。"[1]邓小平也指出："为了培养社会主义建设需要的合格的人才，我们必须认真研究在新的条件下，如何更好地贯彻教育与生产劳动相结合的方针。"[2]因此，参加学校劳动，不仅仅是一种义务，更是确保我们获得全面发展的必要条件。

> **· 知识链接 ·**
>
> 2021年4月29日全国人大常委会通过的《中华人民共和国教育法》对新时代我国的教育方针作出最新表述，提出教育要"培养德智体美劳全面发展的社会主义建设者和接班人"。新的教育方针的一个明显改变就是在全面发展的维度中增加了"劳"，补充了"德""智""体""美"之外的又一重要教育内容，劳动教育成为了我国教育体系中不可缺少的部分，接受劳动教育也成为了我们成长和发展的必要途径。

---

① 列宁.列宁论教育［M］.北京：人民教育出版社，2001：37.
② 邓小平.邓小平论教育［M］.北京：人民教育出版社，2004：69.

从人的全面发展的角度出发，劳动教育在人的成长过程中有着不可替代的作用。马克思、恩格斯把"教育与生产劳动相结合"看成是"改造现代社会的最强有力的手段之一"，是"提高社会生产的一种有效方法"和"造就全面发展人的唯一方法"。[①]我们可以通过接受多种形态的劳动教育，将劳动价值观、劳动能力、劳动习惯和品格等进行整合融通，从而以提升劳动素养的方式促进自身的全面发展。

从五育融合的角度出发，劳动教育在自身的功能之外，还具备着"树德""增智""强体""育美"的综合育人价值。劳动教育的首要价值是服务于"立德树人"的教育目标。以劳树德，就是说通过劳动和劳动教育，可以使我们学会自食其力，养成独立品格，珍惜他人劳动成果，增强社会责任感。以劳增智与以劳强体的实践逻辑在于，人们在劳动的过程中使自己的脑力和体力得到充分的锻炼。依据"用进废退"的原理，"不劳而获"的安逸和享乐的生活容易使人思维怠惰，导致智力的衰退，还容易使人四肢不勤，造成身体的羸弱。至于劳动教育的育美价值，主要体现在劳动不仅可以使人的本质力量对象化，还能让人在创造劳动成果的过程中，发展和展现出自己的审美情态，享受劳动过程和劳动成果中的审美趣味。

劳动教育对人的发展而言，具有多重价值。对此，苏霍姆林斯基在《培养集体的方法》一书中这样写道："劳动是一种极为复杂的现象，它可以揭示人的思想、情感、智力、美感、心理状态、创造精神，揭示教育和自我教育的意义。人生育人，而劳动则把人造就成真正的人。"[②]2018年9月10日，习近平总书记在全国教育大会上更是指出："要在学生中弘扬劳动精神，教育引导学生崇尚劳动、尊重劳动，懂得劳动最光荣、劳动最崇高、劳动最伟大、劳动最美丽的道理，长大后能够辛勤劳

---

① 舒志定.人的存在与教育：马克思教育思想的当代价值［M］.上海：学林出版社，2004：179.
② 蔡汀，王义高，祖晶.苏霍姆林斯基选集：第1卷［M］.北京：教育科学出版社，2017：624.

动、诚实劳动、创造性劳动。"①在生活中，劳动教育有多种开展方式，学校劳动作为我们校园生活的一部分，也蕴含着劳动教育的契机。学校劳动是我们锻炼自身的劳动能力、提高劳动素养的重要平台。学校劳动能够帮助我们树立正确劳动观念、增强岗位责任意识、培养团队精神、助力职业生涯发展，还可以帮助我们塑造健全人格，这些都是比金钱回报更为重要的"报酬"。

1. 在学校劳动中树立正确劳动观念

意志品质作为非智力因素，在一个人的成长中起着至为关键的作用。"成功就在坚持一下的努力中"，纵观古今中外，凡有成就之人，大都具有顽强的意志和吃苦耐劳的精神。参加学校劳动在培养高尚的思想、良好的品德、社会责任感的同时，也锻炼了我们顽强的意志和吃苦耐劳的精神。这种顽强的意志和吃苦耐劳的精神，如果不是自己亲身体验、实践，靠单纯的德育和思政课学习是很难培养出来的。

经验表明，学校劳动是培养造就全面发展人才的有效途径之一。参加学校劳动不仅可以培养我们爱班级、爱学校、爱卫生、爱清洁的意识，还可以使我们在劳动中逐渐养成尊重劳动、热爱劳动的良好习惯，从而培养我们正确的劳动态度和劳动观念。

2. 在学校劳动中增强岗位责任意识

任何劳动任务的完成都需要明确各自的岗位职责。参加劳动的学生如果不明确自己的岗位职责，就不知道自己的定位，就不知道应该干什么、怎么干、劳动结果要求怎样等。所以，要参加学校劳动，首先要明确学校各类劳动的岗位职责。这是参加学校劳动并保质保量完成劳动任务的前提。

---

① 教育部课题组.深入学习习近平关于教育的重要论述［M］.北京：人民出版社，2019：73.

受功利主义影响，我们当中的个别人有着较强的个人主义倾向，再加上许多人是独生子，深受家庭成员宠爱，在面对错误时，强调理由、推卸责任的多，主动认错、勇于担责的少；面对困难时选择逃避、绕道而行的多，直面困难、解决困难的少。我们中的有些人不仅劳动意识淡薄，也缺乏责任和担当意识，缺乏危机感和使命感。这些都已经成为我们现今迫切需要解决的问题。

我们的责任意识只有在具体的行为活动中才能得到培养，学校劳动是我们实践锻炼增强责任意识的最直接平台。我们可以在班级和学校组织的各项劳动中，培养自己的责任意识，着力营造一种"学校和班级事，人人有责"的氛围。依据自身的特点和特长，对分配给自己力所能及的劳动任务，首先要明确岗位职责，在劳动实践中完成自己应该承担的任务，履行应承担的义务，逐步把自己培养成为一个有作为、有担当、有能力的中国特色社会主义建设的合格劳动者。

参加学校劳动，过程比结果更重要。我们参加学校劳动，可以在劳动过程中体会劳动不是简单的打扫卫生、校园清洁，而是可以从劳动中感悟劳动的意义，用身体体验世界，用心灵感悟世界。

3. 在学校劳动中培养团队精神

团队精神是团队成员在群体行为中体现出来的意愿、品格和作风，学校劳动是孕育团队精神的土壤，我们在校园劳动中既要各司其职，又要加强合作，这样才能更好地完成劳动任务。所以，学校团队劳动既可以培养我们珍惜同学友谊的情感，懂得体谅他人，互帮互助，又可以培养我们在劳动中与人相处的能力，相互配合完成任务。所有这些都有助于培养团队精神，提升我们的人际交往能力。

校园劳动助力团队精神培养

　　我们职教学生大多处在未成年阶段，定期进行轮换的值日生工作，或隔段时间进行的学校和班级大扫除，既帮助维持了良好整洁的学习环境，也为培养我们的沟通能力和团队合作能力搭建了适宜平台。通过集体劳动的亲密配合、互相协作，不仅提升劳动能力，以此发展终身友谊的也大有人在。同时，在劳动过程中，很多课程学习不会出现的实际问题被暴露，而我们可以通过参与劳动和各种活动学会处理及解决这些问题，从而提高分析问题和解决问题的能力。

4. 在学校劳动中助力生涯发展

　　通过学校劳动，我们可以掌握必备的生活和劳动技能，提高手、脑、眼等协调能力，积累一定的实践经验，进一步养成良好的劳动习惯，为今后进入职场，参加"职场劳动"奠定坚实的基础。

　　比如某职业院校，每学期每班都有一周的劳动课时间，学生在这一周除了要承担学校全部公共区域的保洁任务，还要根据学校即时需要提供外来单位参观接待、会务接待和其他相关劳动任务。同时，劳动班级还在学校的支持下，开设带有模拟职业性质的"校园茶社"和"校园咖啡厅"等学生活动项目社团。社团一方面为课间有需求的学生提供品茶和喝咖啡的机会；另一方面，一周的"校园茶社"和"校园咖啡厅"的经营，使这些学生"经营者们"也在"经营服务中"感受了劳动的辛苦，体味了"职业"的乐趣。

校园环境卫生，你我共同守护

　　参加周劳动的学生都把学校的环境卫生和其他工作任务视为自己的职责，他们就是校园的主人。学校虽然没有聘请社会保洁公司参与校园保洁，但校园环境卫生水平却属一流；参加校园礼仪、会务接待、"校园茶社"和"校园咖啡厅"社团劳动的同学，还初步体验了职场劳动过程，感受到与一般学校劳动不一样的职业体验。

"校园咖啡厅"社团　　　　　　　　　　社团成员泡咖啡

　　总体而言，通过参加学校劳动，我们可以更好地了解社会、走进社会、适应社会生活，并学会关怀别人，尊重差异，养成优良的劳动品格。这些都有助于培养我们的健全人格，为我们成为合格的社会人、合格的中国公民和世界公民做好准备。

 名人名言

　　任何一个民族，如果停止劳动，不用说一年，就是几个星期，也要灭亡，这是每一个小孩子都知道的。

——马克思

阅读思考

　　某学校准备在周五下午组织全校公共区域卫生大扫除，学生管理部门划分了各班分担区。面对这次劳动任务，某班甲同学认为，这次劳动是我们进入本校后的第一次大扫除，我们的学校应该由我们自己管理和维护，参加并做好学校大扫除工作是理所当然的，况且这一次大扫除学校还要评比，我们班一定要认真对待，一定要保质保量完成本班劳动任务。乙同学却认为，公共区域大扫除不应该由学生承担，最好请保洁公司做，因为现在社会上的保洁公司很多，他们也要靠给别人做保洁才能赚到钱，而且他们做得既专业又干净，大扫除请保洁公司做就可以啦！

　　1. 你支持哪位同学的观点？为什么？

　　2. 我们应该如何更好地参与到学校的日常义务劳动中来？谈谈你的看法。

实践探究

　　劳动最光荣，劳动创造美好生活。在"五一"国际劳动节来临之际，我们应该如何表达对劳动的热爱和对劳动者的敬意呢？

　　请以"五一劳动节"为主题，举办一次班级宣传小报设计评比活动。

一、活动提示

　　（1）活动主题鲜明，体现社会主义核心价值观，具有时代性，引领正能量。

　　（2）选取内容切合主题。

　　（3）形式可以是个人参加，也可以是团队合作，保证人人动手、动脑参与活动。

（4）设计有特点，拒绝雷同。

二、活动成果分享与交流

以电子稿形式呈现并分享至班级微信或QQ群。

三、填写活动评价表

作品名称	自我评价	同学评价	教师评价	总　评

注：评价等级：A：优秀；B：良好；C：合格；D：不合格。

第二课 做文明校园的创建者

榜样启迪

让劳动教育在校园里"生根发芽"

在"田间地头"感受劳动之美，在开垦种植中收获开荒之乐……近日，某职业学院教育系学前教育团队将北校区空地开辟成劳动实践基地，将课堂延伸到户外，课程老师担任劳动辅导员，学生亲身参与农作物种植、收获的过程，践行劳动教育。

"今天我们播种生菜、葱、白萝卜、菠菜、蒜、小白菜，大概5天就可以发芽，再过两个多月就可以收获了。"课程老师组织学生选定植物种子，进行分组合作种植。42名学生分成6个小组来到各个"试验田"，老师为大家讲解蔬菜的播种要点。在老师的指导下，学生们很快上手干起来。

"我们根据学生的兴趣特点，遵循教育规律，结合课程要求中的科学探究类活动内容，明确了学科劳动教育的重点，统筹推动课程与劳动教育一体化。"该院学前教育专业主任介绍道。未来，他们还将积极发挥社会在劳动教育中的支持作用，为学生提供社会劳动实践机会，丰富学生劳动体验。

（资料来源：北海新闻网，有删改）

问题探究

◆ 校园劳动形式多样，你还知道哪些有意思的劳动形式吗？

 **认知明理**

一、做学校劳动的主人

一直以来，我们都倾向于把学校当作用来专心学习的地方，但却忽略了学校也是我们生活的地方，还是除了家庭以外我们待的时间最长的地方。从某种意义上可以说，我们大部分的知识、能力、情感态度与价值观的形成，都与我们的校园学习和生活密不可分。学校其实是我们的另一个家园，是一个由众多学生、教师和其他职工组成的大家庭，我们都是这个大家庭的主人翁。

作为学校的主人翁，我们应该积极参与学校各方面的建设工作。从学校里被动的被管理者变成主动的建设者，有利于我们转换视角，走向自律与相互理解。一般来说，学生参与学校事务有两种途径：一是加入学校的正式组织机构，例如班级管理委员会、学生管理委员会；二是学生自发创办社团，自主管理并自发组织各种社团活动等。通过班委会、学生会、学生社团等机构，学生可以参与到学校事务的管理中来。但除了一般的学校事务管理，学校劳动作为学校的日常活动，也需要我们的积极参与。学校的环境是我们共同生活的环境，需要我们共同维护。通过参与各种形式的学校劳动，有助于我们换位思考，感受劳动的不易，学会尊重他人的劳动成果，锻炼自己的体力与脑力，并在劳动的过程中发挥出自己的创新与创造能力，最终实现劳动素养的整体提升。

学校是我们学习和生活的地方，就是我们的第二个"家"，我们要热爱这个家，就应该把它打造得温馨、祥和、美丽。作为在校生的我们，学习固然是我们的本分，劳动同样是我们的责任，参加学校劳动更是我们必须履行的义务。我们必须用最诚实的心参加学校各项劳动，在学校劳动中践行劳动精神，提升劳动素养，为创建文明校园做出应有的贡献。

二、参与文明校园的建设

校园的文明关系着一个学校的形象和社会声誉，也对学生优良品德的培养产生较大的影响。我们要秉持"文明校园我来建，我的校园我做主"的主人翁精神，在学校持续开展的日常生活劳动中，实施自我劳动，自我管理，提高自觉劳动意识，提升劳动能力。因此，我们必须按学校要求，积极参加学校各项劳动，主动承担并按要求完成各项劳动任务。

2015年教育部和中央文明办联合发布了《关于深入开展文明校园创建活动的实施意见》，鼓励全国各级各类学校普遍深入开展文明校园创建活动。那么，对于文明校园建设我们能做些什么呢？

◆ 知识链接 ◆

校园文明标准 [1]

活动阵地好。组织设计不同主题的校园板报、班级板报、宣传橱窗等，定期评比展示。充分利用教室走廊、墙壁、校园文化墙等载体，陶冶学生情操、美化学生心灵、启迪学生智慧。发挥校园广播站、电视台、校报校刊和团队教室、校史陈列室、荣誉室的作用，拓展育人渠道和空间。加强校园网络建设，打造学校对内对外宣传交流互动的网络平台。加强团支部、学生会活动设施与场所的建设与管理，营造特色鲜明的社团活动环境。

校园文化好。建设优良校风、教风、学风，运用校训、校史、校歌、校徽、校标等校园文化符号，激励学生爱学校、爱学习、共建校园文明。体现德育、智育、体育、美育要求，精心设计和组织开展劳动技能、志愿服务、文娱体育、"文明风采"竞赛等校园文化活动。积极拓展校园文化建设新载体，充分发挥网络作用，开展形式多样、内容丰富

---

① 节选自《教育部中央文明办关于深入开展文明校园创建活动的实施意见》。

的校园网络文化活动。

　　校园环境好。做好教学设施规划管理使用，校园教学、文艺、体育、科技等活动场所布局合理、整洁有序。做好校园净化绿化美化工作，自然景观、人文景观错落有致，使用功能、审美功能和教育功能和谐统一，建设美丽校园。加强安全教育，强化校园治安综合治理工作，确保校园安全、稳定。整治校园周边环境，维护校园周边良好秩序。深入开展环保教育和节约教育，引导师生树立保护环境和节约资源意识，培育节约资源的良好风尚。

　　在建设文明校园的过程中，我们作为学校的主人翁应该积极贡献自己的一份力量。学校作为我们长期学习和生活的场所，可以为我们劳动素养的培养和提升提供各种各样的机会，我们可以主动去思考和把握这些机会。立足于校内的真实劳动，学校可以提供多种劳动岗位，让学生体验、感悟基层劳动者的工作，让学生对自己的岗位负责，在劳动岗位实践中服务他人，在履行职责中感受责任与担当，也在劳动中学会尊重他人劳动成果、理解他人劳动艰辛。我们参与其中，可以使自己树立以劳动为荣的意识，并落实到实际行动中，最终将自身的劳动成才纳入为社会、为国家奋斗的实际行动之中。

　　要通过学校劳动实现自身劳动素养的提升，我们首先需要思考和回答以下问题：

1. 在学校里，可供我们进行劳动的岗位有哪些？

2. 对于当下这些岗位的劳动者劳动情况，你有怎样的评价？

3. 如果你是该岗位的劳动者，你会怎样提高你的劳动成果水平？

4. 在改进该岗位的劳动过程中，你可能会面临哪些困难和挑战？

（一）校园环境文明建设

1. 寝室是我家，清洁靠大家——做好寝室内务工作

寝室是我们学校生活的重要组成部分，寝室卫生的达标与否，关乎着我们的生活、学习和身心健康，一个清新整洁的寝室环境能使我们正常生活和学习，并心情舒畅；相反，寝室凌乱，无人打理和清扫，会严重影响我们的正常生活，甚至还会引发疾病，造成我们身心健康受到威胁，后果是严重的。所以，做好寝室内务卫生，是每一名住校生的职责所在。当然，寝室内务整理也是有技能要求的，需要熟练掌握才能做好。

我国地域辽阔，地区之间的差异大，寝室设施和整理要求也不能千篇一律。例如，南方寝室有蚊帐，有空调，寝室卫生自然也包括蚊帐的清洗、整齐

悬挂，空调的合理使用和卫生的维护等；北方有暖气设备，保洁自然也包括暖气的清洁等。我们要做好寝室内务，就要符合不同地域学校的特点和具体要求才能更好完成。

2. 忠于职守，服务同学——做好班级值日生工作

教室是学生学习的主要场所。良好优美的教室环境是教师正常教学、学生正常学习的必要保证，每日的值日生工作是班级管理的重要组成部分，做好值日生工作也是我们每一名学生必须完成的劳动内容之一。做好值日生工作，不仅可以帮助我们体验劳动的辛苦和成果的喜悦，还可以提升我们的主人翁意识和增强劳动责任感，树立热爱劳动、尊重劳动、尊重劳动者的意识。积极完成学校分内劳动任务是我们职教学生接受劳动教育题中应有之义。

3. 齐心协力，打造美丽校园——积极参加学校大扫除

在中国，大扫除是迎新年的重要环节，也是日常家庭、组织等在聚会、会议、大型活动前的必要准备，既是中国传统民俗之一，也是日常生活、学习和工作不可或缺的劳动。大扫除起源于古代中国人民去除病疫的仪式，这种仪式后来演变成了年底的大扫除。人们通过大扫除，表达了除旧迎新的思想。在大

美丽校园你我齐心打造

扫除的同时，有些家庭还会扔掉一些旧的东西，购置新的家用物品。大扫除也是学校常规劳动的重要组成部分，学校全体师生都应该是大扫除的直接参加者，我们学生更是所在学校大扫除的主力军。做好学校大扫除，保证校园环境整洁、优美也是创建文明校园的重要内容之一。

4. 快乐成长，责任在我——主动承担并完成学校的其他各项劳动任务

学校除了常规的劳动外，还经常会有其他不确定的劳动任务，我们都要积极参加。比如，运动会前帮助体育教师准备场地和器材；学校阅览室的清扫和报刊杂志的整理；为学校艺术节布置舞台和会场；参加学校学代会、团代会、十八岁成人仪式的筹备工作等。再比如，中国北方地区冬天经常下雪，学生也要积极参加清雪劳动等。

需要强调的是，学校劳动也有其特殊性。作为大多数还依然未成年的我们，要在劳动中大力弘扬集体观念，同时还要树立危险规避意识、服从意识、安全意识。所以在参加学校劳动时我们要重视以下几方面的问题，才能安全、有效、保质保量完成劳动任务。在参加各项学校劳动中需要做到：

（1）从集体利益出发，服从分配，不要拈轻怕重，挑三拣四，敷衍了事。

（2）要遵守劳动纪律，听从指挥，认真完成劳动任务。

（3）注意安全，规避危险。在劳动中，要树立安全意识，根据所处的劳动环境时刻注意保护自身安全，避免滑倒、摔伤、扎伤、触电、坠落等，防范潜在的危险，提前做好安全防护。

总之，学生在校期间，可以参加的劳动活动很多，我们应该主动承担学校的其他各项劳动任务。在劳动中体验劳动的辛苦、劳动的快乐，感受劳动成果带来的幸福感，这也是书本学习和其他活动无法替代的。

除此之外，我们参加学校劳动，也需要分工合作。比如，班级和学校大扫除，虽然每位同学的任务可能各不相同，但每个人也不能孤立地完成任务。就拿扫地和拖地两个简单的具体劳动任务来说，虽说可以各负其责，但劳动是要遵循先后顺序的，必须是扫地在先，拖地在后，这就是"合作"。否则，不考

虑与别人的劳动合作，各自为政，大扫除任务是不可能很好地完成的。所以，只有发挥团队合作精神，才能提高劳动效率，学校劳动任务才能顺利完成。

（二）校园精神文明建设

身处校园，学生参与学校劳动的途径多种多样。常规的学校劳动形式主要是以班级为单位组织学生参加校园环境卫生，教室、宿舍的美化，班级内务整理，垃圾分类等。有的学校还开展了"文明宿舍""文明教室""垃圾分类竞赛"等许多劳动教育技能竞赛活动。除了以上一系列丰富的校园环境维护相关的学校劳动，校园精神文明建设维度的学校劳动也有待我们去发现和参与。

▶ 知识链接 ◀

校园劳动文化知多少

校园文化是以学生为主体，以课外文化活动为主要内容，以校园为主要空间，以校园精神为主要特征的一种群体文化。校园文化是学校所具有的特定的精神环境和文化气氛，健康的校园文化可以陶冶学生的情操，启迪学生心智，促进学生的全面发展。

校园劳动文化的建设，是指在校园文化中融入劳动元素，建立起一种学校内部的劳动传统，是提升学校劳动教育水平的有效举措之一。学生参与校园劳动文化建设，需要学生体力劳动的支持、理智的参与、道德的判断以及审美的选择，这个过程不仅能够促进学生德智体美的发展，而且还能让学生通过亲见、亲感和亲身体验，接受到最切身的劳动教育。

对于建设文明校园而言，精神文明的维度必不可少。我们可以通过志愿服务的形式来提升学校的精神文明程度。作为学校的一份子，自愿付出自己的时间与精力发起和参与志愿活动，以改善自己与其他人共同生活的校园环境与氛围，是我们每个人不可推卸的责任和光荣使命。我们可以结合本校特色与自身的专业学习、实习和实训，设置适当的校园服务岗进行劳动。此外，校内的志愿者队伍也可以服务于校外的各种社会机构，例如敬老院、图书馆、社区、本地企业等。

参与学校精神文明建设，就需要我们在课堂上认真听课，这是尊敬老师、尊重老师的劳动的表现；自觉维护校园和班级的环境卫生，保持校园和教室的整洁，这是尊重保洁人员和他们的劳动及劳动成果的表现；在食堂吃饭，身体力行落实"光盘行动"，这是对农民和为我们服务的学校食堂工作人员的劳动成果的尊重。这一切，都是我们每个人对校园精神文明建设的贡献。

微课视频

珍惜粮食，
不要浪费

·知识链接·

光 盘 行 动

"光盘行动"倡导厉行节约，反对铺张浪费，带动大家珍惜粮食、吃光盘子中的食物。光盘行动的宗旨：餐厅不多点、食堂不多打、厨房不多做。养成生活中珍惜粮食、厉行节约的习惯，而不要只是一场行动。我们要做到不只是在餐厅吃饭打包，而是按需点菜，在食堂按需打饭，在家按需做饭。"光盘行动"提醒与告诫人们：饥饿距离我们并不遥远，而即便时至今日，珍惜粮食、节约粮食仍是需要遵守的古老美德之一。

2020年8月11日，习近平主席作出重要指示强调，坚决制止餐饮浪费行为，切实培养节约习惯，在全社会营造浪费可耻节约为荣的氛围。12月4日，"光盘行动"入选2020年度十大流行语。

"光盘行动"倡导厉行节约

　　参与校园精神文明建设，需要我们尊重学校里的每一位劳动者。现在有些人很看不起农民和工人，更看不起环卫工人。但是，我们的衣食住行、我们学习与生活的舒适环境，都离不开他们的劳动。尊重劳动、尊重劳动者，特别是尊重体力劳动者是我们应有的正确态度。将来我们自己也会踏入社会，到那时，不管我们从事什么职业，也会渴望自己和自己的劳动得到应有的尊重，自己的价值得到社会的承认。只有人人都尊重劳动，尊重所有的劳动者，尊重劳动成果，社会才能和谐进步，国家才会永续发展。劳动无贵贱之分，任何形式的劳动成果都应该珍惜，任何劳动者都应得到尊重。

　　学校既有教书育人的老师，也有为我们的寝室生活做后勤服务的"阿姨"，还有为我们提供三餐的食堂工人和负责安全的安保人员等，他们的劳动都是辛苦的，他们的劳动、他们的人格和劳动成果理应得到我们的尊重。这是校园精神文明建设的应有之义。

名人名言

　　　世界上最光荣的事——劳动，世界上最体面的人——劳动者。

　　　　　　　　　　　　　　　　　　　　　　　　——雷锋

小试身手

　　校园劳动文化建设

　　苏霍姆林斯基曾经说过，劳动传统在学校集体生活中占有特殊地位，正是这些劳动传统使劳动带有浪漫色彩。他在《帕夫雷什中学》中描述了校园劳动传统的真实情景：在这所学校中，劳动教育无处不在，并逐步形成了"自制献给学校的礼物""自制直观教具""果园周劳动""首捆庄稼节""夏季割草"等劳动传统。例如，"学年开学前美化教室和校园的劳动"，是指在暑假最后一天，学生和教师都来到学校，把自己的教室布置得如同节日一般：他们用鲜花编成花环，装饰在教师的讲桌上；他们为花卉松土、施肥、浇水，平整校园，不久校园便呈现出一派生机勃勃的景象。在这样的氛围和学校景象变化中，学生的劳动自豪感油然而生。晚上他们聚在一起，开启他们的篝火晚会，新的学年在愉快的节日气氛中开始了。

校园劳动文化是一笔不可多得的精神财富，具有强大的感染力、仪式效应，以及榜样教育作用。请你广泛搜集学校的劳动文化建设的素材，对其进行适当的提炼，用于设计校园劳动文化形态或LOGO，并在这个过程中锻炼和培养自己的信息搜寻能力、辨别与判断能力。

实践探究

十八岁成人仪式活动准备

一、活动目标

（1）了解十八岁成人仪式活动准备工作的基本内容，初步掌握完成实践项目任务所需要的劳动技能，在相关教师指导下完成项目活动任务。

（2）树立创新观念，积极参与创新性劳动，实际体验具体劳动过程。

（3）体认劳动的付出与收获，感悟劳动的辛苦与快乐。

二、资源准备

（1）活动所需要的工具和材料主要包括：A4纸、大型彩色纸张、铅笔、水彩笔、直尺、圆规、橡皮等（也可以用电脑或手机制作完成），以及主席台嘉宾名牌。

（2）卫生清扫工具（抹布、扫把、拖布、水桶和垃圾袋等）。

（3）与学校相关部门（或文秘专业教师）沟通并取得支持和帮助。

三、活动任务

（1）活动海报设计。

（2）简单活动方案设计。

四、技能指导

活动海报设计：

基本要求：常见的海报尺寸为A4、A3、A2等。海报可以垂直或水平设计，但最常用的是垂直方向的设计。由于条件所限，本次体验活动制作一个小版本海报，便于微信或QQ群分享和交流。

1.设计一个最佳阅读距离

海报中的关键信息应该通过一个最佳阅读距离去吸引人们的眼球，并在文本中展现出一种层次感。

（1）突出标题：这是主要的（也是最关键的）文本设计要素。它能增加艺术感，或者说它本身就是一种艺术存在。选择一种可读的字体，突出显示它的趣味性。

（2）注意细节：什么内容、什么时间、什么地点；画面清新、简约、明了。

（3）手工或电脑设计都可以。

2.突出对比

一张海报，需要在一瞬间就引起人们的注意。元素之间的高对比度可以帮助达到这个效果。忘掉单一的渐变色，大胆地选用不一样的颜色和字体种类。设计海报是一个很好的机会去试用那些在别的作品里看起来很疯狂的字体或颜色搭配。

3.大胆留白

设计海报时各元素间可大量留白。一开始可能会觉得有些怪异，但从远处看来，这些空白会显著提升视觉冲击力，也提高了可读性。

在海报设计中，在以下位置运用留白会有很好的效果：

（1）字与字之间（紧凑的间距会让字母远看时乱作一团）。

（2）行与行之间。

（3）纸张边缘。

（4）不同形式的元素之间（例如图片和文字之间）。

（5）首要的元素周围：你想让别人最先看到哪儿的位置。

（6）要有号召力。海报的目的就是向人们展示内容。要把活动邀请放在最显眼的位置。

简单活动方案设计：

1. 内容要点

（1）明确活动指导思想。

（2）有鲜明的活动主题。

（3）阐明活动目的。

（4）确定活动对象、时间、地点。

（5）简单介绍活动流程。

（6）制定活动场所布置方案等。

2. 技能要求

（1）指导思想要体现活动总体目标依据，要体现社会主义核心价值观要求，弘扬正能量。

（2）内容要素齐全、规范，意思表达准确、无歧义。

（3）流程清晰、科学、可操作。

（4）语言简洁规范，无病句。

（5）文件（方案）符合文件设计格式要求。用电脑设计，要符合现代办公软件文件版面设计格式要求。具体包括：标题、正文、字体、段落间距、首行缩进等。如果是手工设计，需用正楷字，A4纸设计，格式可参考电脑版要求。

注意：要发扬团队合作精神。

五、操作流程指导

1. 活动地点

班级教室或计算机实训室。

2. 操作步骤

第一步：根据特长和兴趣爱好分两组：海报设计组和简单活动方案设计组。

第二步：分组进行劳动体验。每组根据人数情况完成3—5个作品。

第三步：任务完成后，呈现劳动成果（实物、照片或电脑作品）。

第四步：在班级微信或QQ群分享劳动成果（实物、照片或电脑作品）。

六、自我感悟

通过本次活动，我有如下收获：

1. ....

2. ....

有如下不足：

1. ....

2. ....

今后需要改进和努力的是：

1. ....

2. ....

七、活动评价（填写评价表）

评价项目	评 价 主 体				
	学生自评	学生互评	小组评价	服务对象评价	教师评价
劳动观念					
劳动态度					
劳动习惯					

续　表

评价项目	评　价　主　体				
	学生自评	学生互评	小组评价	服务对象评价	教师评价
劳动技能					
劳动情感					
……					

注：评价等级：A：优秀；B：良好；C：合格；D：不合格。

03

第三单元
劳动创造和谐社会

【单元介绍】

劳动创造了人类社会，社会又为人们参与劳动、实现人生价值提供了舞台。各行各业的劳动者用双手和智慧，编织了五彩斑斓的社会生活，创造了辉煌璀璨的社会文明，推进着社会的进步。公益劳动、服务性劳动是社会劳动的重要形式，在参与国家基层治理、服务百姓民生等方面发挥着越来越重要的作用。

公益劳动、服务性劳动是职教生接触社会、了解社会的重要途径。参加公益劳动、服务性劳动有益于培养助人为乐的品质、展现勇于承担社会责任的精神风貌，更有益于社会主义和谐社会的建设，职教生要积极参加社会劳动，在劳动中实现人生价值。

【学习目标】

1. 了解公益劳动、服务性劳动的主要内涵、基本特征和种类等。
2. 理解公益劳动、服务性劳动在促进社会和谐中的重要作用。
3. 初步树立服务社会、服务他人、珍惜劳动成果的意识。
4. 自觉参与社会劳动，用自己的劳动奉献社会。

第一课 社会因公益劳动而和谐

 **榜样启迪**

博鳌亚洲论坛上的志愿者

2019年3月，博鳌亚洲论坛在海南成功举办，青年志愿者们用实际行动向世界展现了中国青少年的优良品质和精神风貌。

学习导游服务专业的小李同学就是其中一名志愿者。在论坛上，她做的事情都是些简单繁琐的小事，但她却用尽心尽责的态度、良好的沟通表达能力、精准的涉外礼仪和外语优势，较好地完成了服务任务。她说道，有一颗助人的心和扎实的专业素养是做好志愿服务的前提。服务过程也不是一帆风顺的，她也遇到过一些困难，但她通过积极向老师请教、查外文字典等办法来解决遇到的难题，得到外宾的一致称赞。她说："参与一场与专业密切相关的国际盛会很幸运，更幸运的是，我能用所学知识和劳动为国家做一点小小的贡献。"

"我参与，我奉献，我快乐"，这是小李同学参与博鳌亚洲论坛志愿服务工作的真实体会。她付出了辛勤和汗水，更体会到了快乐和激情，收获了成长。

（来源："海口教育发布"公众号，有改写）

问题探究

◆ 你认为小李同学参加的志愿服务劳动跟家庭劳动、学校劳动有什么区别？

......

......

◆ 你认为做好志愿服务劳动需要具备哪些基本的条件？

......

......

 **认知明理**

一、认识公益劳动

当前，我国社会公益劳动事业呈现出蓬勃兴盛的发展态势，参与社会公益劳动的人越来越多，组织越来越壮大，涉及的领域也越来越广泛。据全国志愿服务信息系统显示，截至2022年12月31日，我国实名注册的志愿者人数已达2.31亿。社会公益性劳动越来越成为社会文明进步的重要标志，广大志愿服务组织、志愿服务工作者们正立足新时代、展现新作为，以实际行动书写着社会公益劳动的动人故事。

（一）公益的概念

在普遍意义上，"公益"顾名思义就是公共的利益、公共的好处。对于"公益"的英文，有学者认为，英文public goods与中文"公益"的含义更为接近，即"以志愿求公益"，而把public welfare看作由政府主导的"社会福利"，即"以强制求公益"，把市场则看作"以志愿（自由交易）求私益"的载体。由此可看出，主体是政府、市场还是公民个体或组织，形式是志愿还是强制性的，目的是公共的好处还是私己的好处，这三者构成了我们判断"公益"性质的基本要素。现代意义的"公益"，意味着一种行动和实践，它不是为了获得利润，而是为了造福他人乃至整个社会，促使人类世界在政治、经济、文化、环境等方面进步，同时公益践行者自己也获得身心发展。[①]

（二）公益劳动的定义

公益劳动是指直接服务于公益事业、不取报酬的劳动。学校组织的社会公益劳动是学校劳动教育和学生社会实践的内容。目的在于培养学生为人民服务、为公众谋利益的良好思想品德；推动学生接触社会、深入生活，参加

———————

① 钟一彪.大学生社会公益实践导论［M］.广州：中山大学出版社，2012：4.

各种社会实践，形成良好社会风尚。[①]

1. 公益劳动是一种志愿精神动力所支持的劳动

公益劳动并不是一种简单的服务工作，它是志愿者在志愿精神的感召下，主动地、自觉自发地开展的社会服务工作。按照联合国志愿人员组织对志愿者精神的理解，可以对志愿精神进行如下解读：志愿精神是一种在自愿的、不计报酬或收入的条件下参与推动人类发展、促进社会进步和完善社区服务的工作的精神，是公众参与社会生活的一种重要方式，是个人对生命价值、社会、人类和人生观的一种积极态度。

无私奉献的志愿精神是公益劳动的精神内核。正是在这种强大的内在精神动力的支撑下，志愿者们志愿贡献个人的时间、精力等，在不谋求任何物质报酬的情况下，从事社会公益与社会服务事业，把关怀带给社会，传递爱心，传播文明，给社会以温暖。

2. 公益劳动是一种非营利性的劳动

公益劳动不是一种用以谋生或营利的职业，而是个体出于奉献社会的意愿开展的社会服务，是一种非营利性的劳动。

虽然公益劳动不追求经济报酬，但这并不意味着公益组织的运转不需要资金方面的支持。事实上，现代公益劳动组织和机构要实现发展和维持运转，离不开充足的经费支撑。但公益劳动组织和机构不能违背志愿精神的本质，不能以营利为目的，更不能向自己的服务对象收取经济方面的回报。

3. 公益劳动是一种有组织的社会劳动

公益劳动不仅仅是一种做好事和助人为乐的简单活动，还是一种系统地、有组织地、自愿地开展的社会劳动。它作为社会建设和社会管理的重要组成部分，弥补了政府、市场和个人力量的短板，起到了加强国家和个人联系的桥梁

---

① 顾明远.教育大辞典：增订合编本［M］.上海：上海教育出版社，1998.

作用。

总的来说，公益劳动就是由内在志愿精神所支撑，自愿自觉的内部动机所指引，利用个体知识、技能、体能或财富服务社会，不计外在报酬、奖励的一种非营利、公益性劳动。①

 **阅读思考**

雷妮娜——疫情中的学生志愿者

2020年初，家在武汉的雷妮娜曾在方舱医院做过长达46天的志愿者。其间，雷妮娜不顾自己的安危，尽心尽力地服务好患者和医护人员。她所在的方舱医院当时有1 073个床位，她主要负责清点分发仓库里的物资，做一些后勤保障工作，她不怕苦、不怕累，一丝不苟地完成了服务任务。在方舱医院的这段经历，以及她亲眼见证的种种感动，留在了雷妮娜心里，尤其是看到各地的医护人员支援武汉，这种一方有难、八方支援的精神，这种舍生忘死的奉献情怀深深地埋在了她的心里。之后，学习生活恢复常态，她也开始规划下一步的求学道路。

时隔一年，她的学校所在地河北石家庄的疫情突如其来，她又一次穿上了红马甲，穿梭在社区的各个角落，再一次当上了默默无闻、甘于奉献的青年志愿者。

（资料来源：中国志愿服务网，有改写）

1. 请思考社会公益劳动对疫情防控有哪些作用？

2. 请再列举一些你知道的疫情期间的志愿服务故事。

---

① 张庆堂.劳动创造幸福——新时代劳动教育课程［M］.南京：南京大学出版社，2022：129-130.

微课视频

公益劳动的基
本特征和类型

（三）公益劳动的基本特征

公益劳动具有志愿性、无偿性、公益性、组织性四个基本特征，这些特征的精髓是奉献精神。奉献意味着无偿，不计报酬地为他人、为社会服务，具有奉献精神的人通常也自发自愿地参加公益劳动。

1. 志愿性

公益劳动必须是个人自愿参加的。这个自愿是主动的而不是被动的，是自觉的而不是被迫的。相关组织可以通过各种方式动员志愿者，但应该让每个志愿者都在没有任何压力的情况下自愿投入公益劳动。强制参与、强制"奉献"、募集摊派或变相摊派、对志愿者进行单位化管理等，都不符合公益劳动的志愿性原则。

可以想象，如果公益劳动不是每个人自愿参加的，而是在某些组织或个人的强迫和压力下参加的，其社会意义就会大打折扣。被迫参与到公益劳动之中的人员不是真正意义上的志愿者，他们即使参加了公益劳动，也很难持续发挥积极的作用。

2. 无偿性

无偿性指公益劳动属于无偿行为。公益劳动的提供者从事公益劳动行为，不得向公益劳动对象收取或者变相收取报酬，包括金钱、物质交换或礼物馈赠等形式的报酬。但是，公益劳动组织为志愿者提供交通补贴和午餐补贴等并不影响公益劳动的无偿性。

3. 公益性

公益性指公益劳动必须指向公共利益。根据公益劳动的公益性，营利行为不属于公益劳动，偶发的帮助行为、基于家庭或友谊的帮助行为、仅仅针对特定个人的帮助行为和互益互助的行为也不属于公益劳动。

对公益劳动的组织者来说，公益劳动不应该被用来达到公益服务以外的目标，如经济目标，否则就会损害公益劳动者的动机。

对公益劳动者而言，在提供公益劳动时，应该始终坚持以利他和公益为基本目标，不能私自进行工作计划以外的服务内容。例如，志愿者不得向服务对象做宗教传道的工作，不得在活动时间内宣传与公益活动无关的事物。

4.组织性

仅凭孤立的热情、爱心、体力，我们往往无法回应复杂的社会需求。公益劳动具有组织性，可以采取社会团体、社会服务机构、基金会等组织形式开展公益劳动。公益劳动组织可通过反映行业诉求、推动行业交流，促进公益劳动事业发展。

公益劳动组织的不断涌现对促进公益劳动广泛开展、推进精神文明建设、推动社会治理创新、维护社会和谐稳定发挥了重要作用。公益劳动组织已成为现代社会从事公益劳动最重要的主体。[①]

（四）公益劳动的类型

根据《中华人民共和国公益事业捐赠法》中规定的"公益"事项，公益劳动可大致分为救济型公益劳动、保障型公益劳动和发展型公益劳动（见表3-1）。

表3-1　公益劳动分类

救济型公益劳动	保障型公益劳动	发展型公益劳动
救济贫困	环境保护	文化
救助灾害	公共设施建设	科学
帮扶弱小	基础教育	体育
扶助病残	医疗卫生	社会倡导

其中，救济型公益劳动主要包含救济贫困、救助灾害、帮扶弱小、扶助病残等四种形式；保障型公益劳动主要有环境保护、公共设施建设、基础教育

---

① 张庆堂.劳动创造幸福——新时代劳动教育课程［M］.南京：南京大学出版社，2022：130-131.

和医疗卫生等四个方面；发展型公益劳动集中体现为文化、科学、体育及社会倡导等。[①]

1. 常见的社会公益劳动

社会公益劳动的目的在于培养参与者为他人服务、为公众谋利益的良好思想品德，推动参与者接触社会、深入生活，形成良好的社会风尚。常见的社会公益劳动主要有春播秋收、植树造林、帮助军烈属和残疾人、社区服务、环境保护、知识传播、公共福利、社会援助、社会治安、紧急援助、慈善事业、社团活动、文化艺术活动、国际合作等。

广大志愿者走进社区、走进乡村、走进基层，为他人送温暖、为社会作贡献，积极弘扬和践行社会主义核心价值观，充分彰显了劳动者的社会责任担当，成为人民有信仰、国家有力量、民族有希望的生动体现。

2. 社会公益劳动新形态

随着社会的变迁，科技日渐发达，社会公益劳动被赋予丰富的内涵，变得更加丰富多彩。社会公益劳动的变化主要体现在三个方面：一是参与者从年轻人群扩大到多个年龄段，各个年龄阶段的人群参与其中，社会公益劳动呈现出大众化的趋势。二是社会公益劳动的内容发生变化，随着社会生活需求的日益增长，人们不再满足于开展"扫大街、看老人、做表演"等"老三样"的社会公益劳动，参与社会公益劳动的方式越来越多元化，出现了智慧服务、技术服务、信息服务、资源服务等多样化、灵活性的社会公益劳动类型。三是社会公益劳动的模式，也从活动化、节日化向日常化、制度化方向转变。

新技术、新模式、新业态、新产业不断涌现，直接推动着社会公益劳动不断发展，这为广大青少年在社会公益劳动中提升劳动能力、培育劳动精神和树立正确的劳动价值观念提供了广阔的空间。

---

① 钟一彪.大学生社会公益实践导论［M］.广州：中山大学出版社，2012：9-10.

· 知识链接 ·

科学技术赋能社会公益劳动

科学技术的飞速发展，为社会公益劳动提供了实时、快捷的信息，使其更加高效、精准、便捷。

中国医学应急志愿者总队队长、首都医科大学附属北京朝阳医院副院长郭树彬教授在接受采访时指出，他们正在推动"医学应急志愿者计划"，希望借助互联网大数据资源，对全国掌握急救知识的医务人员进行官方登记、注册，并将相关数据导入互联网平台。患者一旦出现问题，可以通过该网络平台呼叫到身边的医学应急志愿者，从而使患者得到及时、有效的急救处理和治疗。

二、走进公益劳动

学生参与公益劳动，在各种公益劳动岗位上学习实践，不仅有利于树立良好的公益劳动意识、实践自身的公益劳动技能，还有利于在公益工作和志愿服务中强化社会责任，传递无私奉献精神。[①]

（一）公益劳动的育人功能

在参与公益劳动的过程中，志愿者们不仅能够帮助他人，而且能够提高自身综合素养，有利于成长为德才兼备的社会主义现代化建设人才。具体来说，公益劳动的育人功能表现在以下几个方面。

1. 了解国家民情和增长社会知识

公益劳动能够帮助学生深入了解我国国情和社会现实，积累社会经验，增加社会阅历，加快其融入社会的进程。具体来说，志愿者通过参与遍布全国的社区服务、环境保护、社会管理、文化建设和国际赛事服务等公益劳动，能够

---

① 邓辉，李春根.大学劳动教育［M］.北京：高等教育出版社，2021：141.

更深入地了解我国的国情、社情和民情，真实感受我国社会发展的巨大成就和不平衡状态，体会中国特色社会主义制度的优越性，增强民族自豪感和对中国特色社会主义的信念。同时，公益劳动还能够帮助志愿者积累社会经验，完善自身知识结构。例如，志愿者在深入不同民族进行公益劳动的过程中，能够学到更多地理环境、风土人情、历史传统和生活习惯等方面的知识；在参与公益劳动前的系统专业培训时能够掌握一些关于医疗救护、安全防范等方面的知识和技能；在具体的公益劳动过程中，能够积累丰富的社会实践知识和经验。

2. 培养团结协作和改革创新的精神

现代大型公益劳动项目多为群体性行动，它们的开展和完成有赖于团队的共同努力，团队成员的配合程度与协作能力直接关系着劳动任务完成的效度和质量。志愿者要与不同性格、不同风俗习惯、不同生活背景和年龄阶段的劳动对象及其他社会各界人士打交道。面对如此复杂的情况，志愿者要想顺利完成劳动任务，必须团结协作，在协作过程中逐步认识到规则、团结、合作的重要性，自觉克服"以自我为中心"的不良思维方式，进而树立大局观念和合作意识。同时，志愿者在劳动过程中难免会遇到劳动环境复杂、劳动内容不同、劳动对象各异的情况，解决这些问题的过程也是志愿者激发潜能、打破思维定式、发扬改革创新精神、产生创造性成果的过程。公益劳动结束后，志愿者总结劳动经验和探讨改进建议的过程，又是其进行深入思考和改革创新的过程。

3. 磨炼意志品质、形成优良品德

在公益劳动中，志愿者通过奉献自己的时间、精力和技能等帮助他人，能够体会到自我价值实现后的快感。这种行为经过多次反复和不断强化后，就会使他们在潜移默化中养成乐于助人、甘于奉献的精神。同时，学生在参加公益劳动时会遇到不同程度的困难和挫折，如时间的合理分配、公益劳动本身存在的各种困难等。为了完成劳动任务，他们会设法解决遇到的难题，而克服困难

和经受考验的过程也是磨砺意志的过程。多数志愿者在面对困难时能够迎难而上，主动接受考验。志愿者们在攻坚克难的过程中磨砺意志，有利于锤炼出不怕困难、顽强拼搏的意志品质。

4.树立崇高理想信念和社会主义核心价值观

公益劳动对学生树立崇高理想信念和社会主义核心价值观具有重要作用。一方面，学生通过公益劳动能够更好地了解我国社会主义现代化建设取得的伟大成就，增强中国特色社会主义道路自信、理论自信、制度自信和文化自信，坚定对中国特色社会主义共同理想和共产主义远大理想的信念。例如，在大型赛会服务中，当看到赛会的盛大场面，听到国外友人的赞誉，志愿者会充分感受到我国的飞速发展和国际地位的提升，深刻认识到中国特色社会主义制度的优越性，坚定其社会主义理想信念。另一方面，学生在奉献社会的活动中能够深切体会公益劳动对社会进步的推动作用，加深对奉献精神的理解，形成积极向上的人生态度。例如，很多职教生在参加环境保护、社区服务、应急救援等公益劳动的过程中，逐渐养成了诚实守信等优良品质。

5.增强现代社会责任意识和担当意识

学生参与社会公益劳动，有利于其意识到作为公民自身应担负的社会责任，从而密切关注国家和民族的发展，主动把自己的命运同国家的发展联系起来，展示出现代公民应有的爱国意识和责任意识，尽可能地帮助他人和奉献社会，在奉献中彰显自身价值。责任意识还体现为集体主义精神，体现为人际的平等地位以及对公共利益和个人正当利益的维护。而志愿者之间、志愿者与受助者之间都是平等、互助、和谐的关系，公益劳动也是在民主、平等的氛围中进行的，并力求通过社会互助实现社会利益共赢，这有助于培养学生的公共意识和担当意识。有些公益劳动（如体育赛事的报分、法律援助等）还有助于培养学生的公平公正意识。①

微课视频

以志愿的名义，成就更好的自己

① 吕罗伊莎，王调品，刘桦.劳动教育教程［M］.北京：北京师范大学出版社，2021：168-170.

（二）公益劳动的社会意义

公益劳动对社会治理的完善具有重要的现实意义。公益劳动在社会基层治理中发挥着重要的作用，以群众需求为导向，精心设计的公益服务项目，推动着社会治理的精细化、专业化。同时，公益劳动对于培养参与者全心全意为人民服务、自觉自愿为公共利益而奉献的劳动态度等也有重要的作用。

社会公益劳动致力于帮助有困难的社会成员，推动社会保障体系的完善；致力于消除贫困和落后，消除公害和环境污染，普及科学知识，促进社会的和谐发展与进步；致力于建立互助友爱的人际关系和良好的社会公德，推进社会主义精神文明建设。新冠肺炎疫情发生以来，来自各行各业的志愿者活跃在疫情防控第一线，用自己的勤劳和智慧彰显着理想信念、爱心善意与责任担当，为疫情防控形势持续向好、生产生活秩序加快恢复作出了贡献。党和国家领导人在统筹推进新冠肺炎疫情防控和经济社会发展工作部署会议上，充分肯定了广大志愿者不辞辛劳、无私奉献的精神。

志愿者们有志于社会公益劳动，在非本职范围内合理运用社会资源，服务于社会公益事业，为有需要的他人提供具有专业性、技能性的服务。其中所蕴含的爱国奉献、助人为乐的志愿精神正是社会主义核心价值观的生动展现。公益劳动有助于摆脱个人利益的束缚，形成正确的人生观和对生命、生活和人生的积极态度，获得认同感、荣誉感、满足感和幸福感，实现人的自我价值和社会价值，促进个人的自由全面发展。

党的十九届五中全会通过的《中共中央关于制定国民经济和社会发展第十四个五年规划和二〇三五年远景目标的建议》明确指出："提高社会文明程度。推动形成适应新时代要求的思想观

志愿者风采墙

念、精神面貌、文明风尚、行为规范……健全志愿服务体系，广泛开展志愿服务关爱行动。"实践证明，社会公益劳动利国利民，不仅创造了促进社会发展的物质力量，更创造了满足社会发展的精神文化力量。总之，我国的社会公益事业任重道远，每个人都应该积极投身社会公益劳动，传递爱心，传播文明。

（三）公益劳动的具体实践

社会公益劳动是广大青年参与社会实践、引领时代风尚的重要载体。"社区有我""车站有我""会场有我""西部有我""基层有我""海外有我"……社会公益劳动者的身影总是出现在每一个有需要的地方。社会公益劳动离我们的生活并不遥远，它就在我们身边。我们在努力学习的同时，应该多参与一些有意义的社会公益劳动。希望更多的职教生加入志愿者行列，争做新时代的"最美公益劳动者"。

目前，学生参与社会公益劳动的形式主要有志愿服务、"三下乡""四进社区"等实践活动。

1. 志愿服务

《学生志愿服务管理暂行办法》第四条规定，学生志愿服务内容主要包括：普及文明风尚志愿服务、送温暖献爱心志愿服务、公共秩序和赛会保障

志愿服务、应急救援志愿服务以及面向特殊群体的志愿服务等。志愿服务能够激发学生服务社会的热情，使其在此过程中形成服务社会、关爱他人、珍惜劳动成果的良好道德品质。①

阅读思考

关爱老人，"智能"有温度

科技与生活之间的关联度日益密切，同时也让老年人面临的"数字鸿沟"问题日益凸显。中国互联网络信息中心发布的《中国互联网络发展状况统计报告》显示，截至2020年6月，我国网民规模达9.40亿，互联网普及率达67.0%。另外，国家统计局数据显示，截至2019年末，我国60岁及以上人口约有2.54亿，60岁以上会上网的老人仅占23.0%，即四分之三的老人未曾接触过网络。

老年人在交通出行、日常消费场景中，时常因为不会运用智能技术而遇到困难。2020年11月24日，国务院办公厅印发《关于切实解决老年人运用智能技术困难的实施方案》，就进一步推动解决老年人在运用智能技术方面遇到的困难，为老年人提供更周全、更贴心、更直接的便利化服务作出部署。

1. 结合材料，谈一谈自己能为身边的老人做些什么。

2. 课后以小组为单位做一份社会小调查，详细了解"互联网时代，身边老年人的现实需求有哪些"。

2. "三下乡"

"三下乡"是指科技、文化、卫生"三下乡"。"三下乡"活动是近年来学生参加社会实践的有效载体，学生志愿者们结合所学专业，根据当地实际情况

---

① 周利生.劳动教育概论［M］.北京：高等教育出版社，2021：192.

和需求，开展包括科技普及、技能推广、文化宣传、义务支教、医疗服务等内容的下乡活动，为基层群众做好事、办实事、解难事。"三下乡"活动可以是科技、文化、卫生三方面中某一类的专项下乡，也可以是几类下乡活动的混合开展。

（1）"科技下乡"活动一般包括以下几类形式：一是科普宣传，学生可以广泛宣传科学常识，教育群众破除迷信，也可以开展关于防治水污染、安全使用化肥农药的环保科普宣传；二是实用技能推广，如农学及相关专业的学生可以结合最新研发的优势技术，为提高农作物产量、质量或乡镇企业生产水平进行技术推广；三是生产指导服务，学生可以针对农业生产的实际提供上门指导，也可以为地方政府和农民群众带去符合农业经济发展需求的技术、市场最新资料等，为农业生产和乡镇企业发展提供有效帮助。

（2）"文化下乡"活动一般包括以下几类形式：一是支教帮扶，学生可以前往教育资源贫乏地区的中小学开展支教，也可以根据实际情况面向村民开展知识教育；二是图书下乡，通过募捐筹集一批适合农民及其子女阅读的图书，有条件的可以援建乡镇公益图书馆；三是文艺下乡，可以组织开展农民群众喜闻乐见的文化艺术活动，如电影放映、文艺演出等；四是法律下乡，可以向农民宣传普及法律及法律知识，增强农民的法律意识和法治观念，推进农村的民主法治建设。

（3）"卫生下乡"活动一般包括下乡义诊、卫生常识宣传普及、乡村卫生组织扶持、农村卫生人员培训等实践活动，推动当地医疗事业发展，使农村居民逐渐养成良好的卫生习惯。[①]

3. "四进社区"

"四进社区"指的是科教、文体、法律、卫生走进社区，志愿者通过开展一系列活动，将科教、文体、法律、卫生四方面的知识传递进社区。"四进社区"活动旨在丰富社区文化生活，宣传普及科学知识，增强居民法律

① 卢胜利，刘瑜，杨孝峰.新时代大学生劳动教育［M］.北京：高等教育出版社，2022：116-118.

意识，提高居民生活质量，为满足人民群众不断增长的精神文化需求打下基础。

（1）科教进社区。学生可以利用自身的专业优势，深入社区，面向社区居民举办教育培训、科普宣传、技能讲座、知识竞赛、读书交流等活动，充分利用社区居民活动中心和相关宣传阵地，宣传普及健康生活等方面的知识，传播科学精神，破除陈规陋习，提高社区居民的生活质量。

（2）文体进社区。学生可以充分发挥个人特长，利用社区各类设施，组织开展歌咏、书画、曲艺、舞蹈、健身等丰富多彩的群众性文体活动。志愿者通过参与社区文体骨干培训、巡回文艺演出、公益电影放映、社区图书站建立等服务工作，弘扬中华传统美德，促进先进文化的传播。

（3）法律进社区。学生可以深入社区开展法律宣传普及工作，如举办社区法制讲座、法律咨询、法律援助等活动，通过发放宣传资料、赠送法律知识读物等方式，提高社区居民的法律意识，优化社区的法制环境。依托法律进社区活动，学生可以将社会实践与思想政治理论课的学习紧密结合起来，开展政策宣讲、理论宣传等活动，有助于他们深化对理论学习的理解和认识。

（4）卫生进社区。学生可以为社区居民进行健康检查、常见病义诊咨询、医疗卫生知识普及宣传，面向残疾人、孤寡老人和困难家庭等群体提供卫生保健服务，引导社区居民强化健康生活的理念。[①]

阅读思考

学生参与公益劳动中的"搭便车"现象

"搭便车"理论首先是由美国经济学家曼柯·奥尔逊在1965年发表的《集体行动的逻辑：公共利益和团体理论》一书中提出的，其基本含义是不付成本而坐享他人之利。造成"搭便车"现象的主

---

① 卢胜利，刘瑜，杨孝峰.新时代大学生劳动教育［M］.北京：高等教育出版社，2022：116-118.

要原因是集体行动的目标是创造公共物品，而公共物品的非排他性使得组织成员可以不用负担成本便可享受集体行动的成果。

学生参与到公益劳动中时，时常会出现"搭便车"现象，即"搭便车"的人想不劳而获、不劳而得，想不劳动就能获得他人或组织提供的某种利益。如学生被分成若干组参与公益劳动，一个小组中的人数一般为四到六人。虽然进行了分组和分工，但并不意味着小组集体中的每个个体都能自觉地完成公益劳动工作。在公益劳动中，当小组中的某些个体进行或完成了集体的劳动任务时，小组中的其他个体便有可能不进行公益劳动，也即无需付出任何劳动成本便可从中受益。

1. 你在参与公益劳动时是否遇到过"搭便车"现象？

2. 你如何看待公益劳动中的"搭便车"现象？你认为这种现象是否会对学生参与公益劳动产生影响？

三、做好社会公益劳动的"法宝"

社会公益劳动是激情、能力和责任并重的劳动，具有很强的吸引力，每年都会吸引众多青年投身其中。但是，几乎所有的社会公益劳动都具有复杂性和系统性，需要能力和经验的积累，这些都需要我们在日常生活中训练、培养。哪些方面的能力和素养是社会公益劳动者最急需的必备法宝呢？

（一）法宝一：奉献精神最可贵

社会公益劳动是服务于公共利益的一种劳动，参与者需要具备奉献精神，在无偿服务他人的同时，提升自己的奉献意识和服务意识，主动承担社会责任。"赠人玫瑰，手有余香"，或许是一句问候，或许是一个微笑，或许是一个赞许，抑或是一次举手之劳，都会让人感到温暖甚至欣喜。奉献，方便了别人，也提升了自己；奉献，激励了他人，也鼓舞了自己。常怀奉献之心的人真正懂得人生的快乐，心拥奉献之念的人真正懂得人生的真谛。

奉献精神是社会责任感的集中表现，是不计报酬、不谋私利、不斤斤计较的。职教生开展社会公益劳动，既是倡导社会新风、奉献自我、回报社会的一种方式，又是在实践中锻炼自我、自觉成才的一种途径。在社会公益劳动中，必须要从一点一滴做起，从小事做起，逐渐养成奉献精神，付出向社会提供的服务，收获无私奉献的精神财富，奋力当好具有奉献精神的新时代"传承人"。

（二）法宝二：基本技能不可少

无论是突发重大公共卫生事件中的社会公益劳动，还是其他满足人民群众对美好生活需要的社会公益劳动，都对劳动者胜任服务岗位提出了一定的要求，需要劳动者不断提高个人的能力和素养。不同的社会公益劳动对参与者能力的要求不一样，一般来讲，要做好社会公益劳动应具有以下几个方面的基本技能。

1. 良好的沟通表达能力

具备良好的沟通表达能力是完成公益劳动的第一步。社会公益劳动中，参与者要善于倾听与接受他人的意见；能准确把握他人话语背后的思想情感；能够有策略、有技巧地表达自己的观点。无论是参与者的内部沟通，还是与服务对象的外部沟通，都对劳动者的人际沟通能力提出了较高的要求，社会公益劳动者要找准自己的位置，以开放的心态接纳、对接社会各方面的资源和服务对象，从多角度思考如何满足对方的需求。

一方面，社会公益劳动者要做好沟通的准备工作。人际关系教育的奠基人戴尔·卡耐基曾经说过："一个人的成功有15%取决于知识和技能，85%取决于沟通能力——表达自己观点的能力和激励他人的能力。"参加社会公益劳动之前，要积极参加相关的培训，全面了解志愿者服务工作，以便更好地用语言表达自己的想法。志愿者在交流中不需要追求语言的丰富性和语法的准确性。只要所讲的内容不偏激、说话的语气自然不尖锐、讲话速度适中、态度诚恳不虚伪，就可以赢得尊重。

另一方面，社会公益劳动者要把握交流沟通的艺术。前期的准备工作只是基础水平的铺垫。具体的沟通效果取决于实践中语言和非语言的使用。社会公益劳动者应该在志愿服务中给予他人帮助和温暖。所谓"良言一句三冬暖，恶语伤人六月寒"，在沟通中礼貌大方会使志愿者工作更有效率。志愿者应牢记"您好，请，谢谢，对不起，我很高兴为您服务，再见"等礼貌用语，记住尊重别人就是尊重自己。

2. 耐心细心、踏实肯干的品质

社会公益劳动虽然平凡，但却是件了不起的事业，既需要勇气也需要坚持。参与者要有足够的耐心和细心，一丝不苟，精益求精，踏实做人，实在做事，以兢兢业业、勤勤恳恳的态度、汗水、智慧和热情做好每一项服务工作，书写社会公益劳动的新篇章。

时代呼唤更多不务空名、兢兢业业、苦干实干的好青年投入到社会公益劳动中。同时，参与者还要保持勤奋和谦和的劳动态度。"勤"，即眼勤（勤于观察）、手勤（少说空话，多干实事）、腿勤（面向实际，深入基层）、嘴勤（多宣传、多呼吁，传播积极向上的公益理念）；"谦"，即谦虚低调，在公益劳动中互相尊重，给他人传递快乐和幸福的力量。

3. 专业能力和跨界思维

参与者只有具备专业化的知识与技能，才能真正实现社会公益劳动的目的；没有专业能力，很容易泛泛而为，没有明确的引领方向，对社会公益劳动的开展是极为不利的。社会公益劳动要求参与者具备的专业能力包含的内容较为广泛，比如组织能力、适应能力、公关能力、团队建设能力、领导能力、推广能力等，这些都需要专业化的训练培养。同时，社会公益劳动者必须踏出自己的小圈子，跟同行甚至跨界交流，实现资源共享，资讯更新，互相合作，取长补短。这些都有利于推动社会公益劳动专业化、规范化发展。

（三）法宝三：确保安全很重要

参加社会公益劳动，可以给社会创造价值，促进社会和谐。但前提是必须坚持"安全第一"的原则。在参加社会公益劳动时，我们可能会碰到突发状况，作为参与者，需要掌握一些自救的方法，比如心肺复苏、创伤救护、中暑急救技巧等，并及时地帮助自己和他人。

小试身手

请仔细阅读下表中的问题，根据自己的实际情况，逐一回答是或否，并谈谈你对公益劳动的理解。

序号	问　题	是 / 否
1	你是否参加过社会公益劳动？	
2	你在参加社会公益劳动的过程中是否受过伤或出现过危险状况？	
3	你是否听说过身边人在参加社会公益劳动的过程中受过伤或出现过危险状况？	
4	你认为在社会公益劳动过程中的安全保护重要吗？	

实践探究

1.请拟定一个采访提纲，并对身边的人进行采访。主要了解身边人参与社会公益劳动的情况以及感悟，指出其中存在的问题，提出自己的建议，并形成300字左右的采访报告。

采访人物		采访时间	
参与社会公益劳动的基本情况			
参与社会公益劳动的感悟			
存在的主要问题和建议			

2.某学校利用周末时间，组织学生做义工，护理专业的学生来到社区医院老年人护理科，为老人剪指甲，教老人做"手指操"；金融事务专业的学生来到社区，开展"金融知识进万家"活动；园艺技术专业的学生来到公园，维护花草树木，提醒游人爱护花草……请回答下列问题：

（1）组织学生走进社会生活的各领域做公益劳动，有怎样的重要意义？

（2）结合自己所学专业和掌握的技能，谈一谈自己能为他人、为社会做些什么。

我所学的专业	我拥有的相关技能	我能做哪些社会公益劳动

第二课 走进服务性劳动

🏆 榜样启迪

风雨无阻助力抗击疫情，快递员勇敢逆行速递温暖

在抗击新冠疫情特殊时期，他们默默无闻，风雨无阻，穿行在大街小巷，为用户配送基本生活用品和防护物资。特殊时期的逆行之路，有他们坚守的背影；平凡生活，也有他们的默默坚守。他们，有着共同的名字——快递员，他们更是骑行的勇者。

快递员吴洋：有事找我，免费跑腿！

"您手机上有我的电话，需要什么生活用品，打电话给我，我无偿帮您跑腿。"2020年2月26日，家住南京鼓楼区的沈赟女士，拿了包裹刚要离开时，负责此次派送的快递小哥吴洋留下这样一句话。

当天早上8点，吴洋刚到南京乐购仕银河快递点，就接到站长刘边的通知，有一批快递需要加紧送达，其中有一份在鼓楼区。

风雨无阻的快递

快递的收件人叫沈赟。这件快递是在江苏省卫健委指导下，送给援助湖北医护人员家属的关怀礼包，其中包含米、油、牛奶等生活必需品以及保险、健康、空调维护等服务卡。

做完防护措施后，吴洋立马装货上车。出发前，吴洋给沈赟

打电话确认派送时间，得知小区因为疫情管控禁止外来人员出入时，双方约定在小区门口取包裹。

得知沈赟的爱人目前还坚守在黄石一线，家中74岁的婆婆和两个孩子都要她一人照顾，吴洋临走前对她说："需要什么生活用品，打电话给我，我无偿帮您跑腿。"

那段特殊的战疫时期，吴洋和同事们坚守在一线，诠释了什么叫"平凡的坚守也是一份抗疫力量"。

快递员钱从松：给南京版"火神山医院"送快递

钱从松负责的配送片区，涵盖一个特殊的区域，那就是有着南京"小汤山"之称的南京市公共卫生医疗中心。2020年抗击新冠疫情期间，南京所有新冠肺炎确诊患者都被统一收治在这里。

从大年初一开始，钱从松一直坚守在工作岗位上。当时，钱从松所在的南京温泉营业部负责汤山社区、南京市公共卫生医疗中心及周边企事业单位、乡镇和十几个村子的快递收寄工作。

记者问道："如果是住院病人的快递，也要送到楼下吗？""是的，和平常没有什么不一样。"钱从松说。

记者又问："到这样一个特殊的地点送快递不会有什么顾虑吗？""如果每天把这些担心忧虑挂在嘴边，工作还怎么开展呢？"钱从松说，"关键是做好防护，每天公司都会配发口罩、手套、消毒液等装备，每天上班前、下班后，都会做好防护消毒措施。"

在这场疫情阻击战中，许多物流公司积极响应，迅速开通全国各地驰援武汉救援物资的特别通道。而数以万计的快递小哥也坚守在一线，确保疫情期间每一件快递的高效配送。

（资料来源：现代快报，有改写）

问题探究

◆ 两位快递员的事迹中，让你感触最深的是什么？

◆ 你还知道哪些为我们提供服务的社会职业？

 **认知明理**

一、认识服务业的发展

当代世界经济发展的一个显著特点，就是服务业在经济生活中占据越来越重要的位置。自20世纪60年代起，大部分西方发达国家服务业占GDP的比重已超过50%。1968年，美国著名经济学家维克托·富克斯在其名著《服务经济学》一书中宣称：美国在西方发达国家中已率先进入"服务经济社会"，由英国开始扩张到大多数西方国家的从农业经济向工业经济的转变具有革命的特征；而在美国已深入发展且在所有发达国家表现出来的从工业经济向服务经济的转变尽管缓慢，但从经济分析的角度看同样具有革命的特征。在此后的几十年中，服务业在发达国家继续保持较快速度发展，在整体经济中所占的比重稳定上升。受发达国家影响，发展中国家的经济服务化特征也明显增强。截至目前，全球服务业占GDP的比重已超过60%，其中发达国家大多在70%左右，发展中国家也大多超过50%。服务业既是经济发展的主导力量和主要动力，也是衡量一个经济体发展水平的重要标志。①

（一）服务的概念

"服务"一词拥有多种含义。从最广泛的意义上说，在社会分工存在的条件下，人们分别从事不同的劳动，在不同行业中进行操作，就是彼此为对方提供服务。但现实生活中，由于社会分工的不断发展，一部分人从工农业生产中脱离出来，专门从事为他人提供非工农业产品的有益活动，人们便把这种现象称之为"服务"。②

服务作为一种劳动具有以下特性。

（1）无形性。服务不同于一般商品，除非服务包含在商品当中，否则，服

---

① 贺景霖.现代服务业发展研究［M］.武汉：湖北科学技术出版社，2015：1.
② 贺景霖.现代服务业发展研究［M］.武汉：湖北科学技术出版社，2015：1.

务便是无形的，这是服务具有的最主要的特性。这可以从两个方面来理解：一是与有形的消费品或工农业产品比较，服务的空间形态基本上是不固定的，在很多情况下人们不能触摸到或不能用肉眼看见它的存在；二是有些服务的实用价值或效果，往往在短期内不易感受到，通常要等一段时间后，使用或享用服务的人才能感觉到服务所带来的利益，比如教育服务，或一种品牌作为无形资产的价值等。服务是一种执行的活动，由于它的无形性，服务在被购买之前，无法像有形产品一样被消费者看到、尝到或感觉到，这正是服务与有形产品之间的差异所引起的。

（2）即时性。服务的即时性主要表现在服务生产与消费的不可分离性，即服务的生产与消费过程通常是同时发生的，它不像有形产品那样，在生产、流通、消费过程中，一般要经过一系列的中间环节，因而生产与消费过程一般都具有一定的时间间隔。服务的产品与其来源大多是无法分割的。也就是说，服务人员提供服务给顾客的时间，也正是顾客消费服务的时间，两者在时间上是同时进行的。

（3）异质性。服务具有高度的异质性，受提供服务的时间、地点及人员等因素的影响很大，尤其是必须有人员接触的服务，其服务品质的异质性相当高，即使是同一种服务，也会因服务人员、接触顾客的不同而有所差异。[①]

（二）服务业的定义

在人类历史上，服务与服务劳动早已有之，而服务业作为一个完整的概念被提出并进行系统的理论研究，以及作为一个产业在整体上迅猛发展，则是20世纪才发生的。经济学界提出了广义服务业和狭义服务业的概念。狭义服务业是指为人民日常生活提供服务的部门，排除了流通部门即交通运输业、邮电通讯业、商业等的非实物生产部门；广义服务业是指所有非实物产品生产的经济部门。随着经济的发展，服务业的种类也在不断地增加，无论从定义概念上还是从统计概念上，现代意义上的服务业都应该是广义的服务业。简单来

---

① 刘重.现代服务业发展与预测［M］.天津：天津社会科学院出版社，2005：19.

说，服务业与产品制作、采掘或农业没有直接联系，而是专以劳务、咨询、管理技能、休闲娱乐、培训和中介等形式进行的经济增值活动。[①]

▶ **知识链接** ◀

现代服务业

从发展阶段上来看，服务业可以分为传统服务业与现代服务业。现代服务业是在工业化比较发达的阶段产生的。"现代服务业"之所以区别于"传统服务业"，主要是因为依托信息技术和现代化管理理念发展起来的、信息和知识相对密集的服务业，与传统服务业相比，更突出了高科技知识与技术密集的特点。

现代服务业的发展本质上来自社会进步、经济发展、社会分工的专业化等需求。科学技术特别是信息技术对现代服务业有着重要的推动和保障作用。现代服务业的产生同历史上各种新兴产业的产生一样，是社会分工不断细化和专业化的必然结果。如物流服务业是从传统商业和运输业中衍生而来的。因为这类服务业本质是利用现代信息技术进行更为精细的专业化分工，把传统上由企业内部组织进行的服务活动外置出来，提高服务效率，降低交易成本。如第三方物流和电子商务，如果没有现代信息技术的支撑，就没有其独特的资源整合与交易成本上的优势，也不可能分化出新兴的蓬勃发展的产业。[②]

现代服务业具有"两新四高"的时代特征。"两新"指新服务领域和新服务模式。前者说的是现代服务业适应现代城市和现代产业的发展需求，突破了消费性服务领域，形成了新的生产性服务业、智力（知识）型服务业和公共服务业等新领域；后者是说现代服务业是通过服务功能换代和服务模式创新而产生的新的服务业态。"四高"指"高文化

---

① 蒋三庚.现代服务业研究［M］.北京：中国经济出版社，2007：15.
② 刘重.现代服务业发展与预测［M］.天津：天津社会科学院出版社，2005：26.

品位和高技术含量，高增值服务，高素质、高智力的人力资源结构，高情感体验、高精神享受的消费服务质量。

（三）服务业的基本类型

服务业包含各种各样的行业，而且各行业在性质、功能、与经济发展的关系等方面有很大的区别，并且在不同的社会发展时期，服务业的各行业在经济中的地位和作用也在变化，所以，对服务业的分类是多种多样的。经济学家辛格曼按服务的功能把服务业分为四类，这个分类方法反映了经济发展过程中服务业内部结构的变化，可见服务业内部结构是由各行业的不同功能所决定的。

（1）流通服务。指交通业、仓储业、通讯业、运输业，以及商品的批发和零售业。流通服务是从生产到消费的最后一个阶段，它与第一产业和第二产业加起来就构成了商品从原始自然资源经过提炼、加工、制造、销售，最后到达消费者的整个生产、流通和消费的完整过程。

智能物流

生产者服务专业化程度高，知识密集

（2）生产者服务。指那些与生产直接相关的服务。生产者服务被认为是新兴经济的关键性服务，为生产者提供信息，增加公司的生产率和提高工作效率。生产者服务在所有发达国家都明显扩张，这与生产经营活动变得更加复杂息息相关。生产者服务业的特征是购买该服务的行为被企业看作对其生产商品与其他服务的投入。这类服务的重要性在于它对劳动生产率和经济增长效率都有影响。在现代社会中，科学技术对经济发展水平的提高起着关键的作用，它们在生产过程中被实际应用大都是通过生产者服务的投入来实现的，生产者服务业拥有日益增多的专家人才和科技精英作为对知识技术密集型服务的投入，这个过程推动生产向规模经济和更高的效率发展。

医疗是社会服务中的重要部分

（3）社会服务。社会服务主要包括医疗、教育和公共行政管理等。社会服务主要源自社会需求而不是个人需求。社会需求是生产力高度发达的产物，社会服务的发展必须依赖物质生产的发展。在先进工业化国家中，随着社会福利的提高，普通人群也能享受到社会服务。社会服务有两种不同的功能：一种是为劳动力的再生产创造条件，例如基础医疗、教育和社会福利等；第二种功能是维护各群体之间关系，例如治安管理、公共行政管理等。

个人休闲时光

（4）个人服务。指与个人消费相关的服务，如饮食、娱乐等。个人服务主要源自个人需求，它们大多属于传统服务业，一般具有规模小、分散经营、人力资本和物质资本投入少、技术含量低等特点。[①]

———————————

① 杨絮飞.我国现代服务业的主导产业选择及其发展战略研究［M］.北京：旅游教育出版社，2018：11.

（四）服务业的重要价值

随着经济全球化和信息技术的进步，全球产业结构发生了巨大的变化。其中一个重要特征就是服务业的快速发展：服务业占经济总量比重不断上升，服务业就业人口稳定增长，内部结构不断优化，服务业贸易发展迅速，服务业在优化资源配置、完善产业结构、提高人们生活水平、增强国家竞争力等方面扮演着越来越重要的角色。服务业的现代化已经成为一个地区、一个国家现代化的重要标志。

1. 我国经济呈现出由"工业型"向"服务型"的重大转变

我国自2012年制造业与服务业产值占比持平后，2015年服务业在国内生产总值中占比首次超过50%，依照国际公认定义，我国已进入服务经济时期。服务业既是协调、集成和整合科技创新、资源配置、社会分工、劳动者素质等决定社会、经济发展的核心要素的黏合剂，又是提供、保障和优化法治环境、文化教育、健康保健、诚信建设等决定社会、经济发展的环境因素的润滑剂。服务业是提高社会效率的催化剂和助推器。[①]

2. 服务业占GDP的比重持续上升

数据显示，大部分国家服务业占GDP的比重呈现上升的趋势。其中美国、英国、德国、意大利、法国服务业发展较早，20世纪90年代，其占GDP的比重就已经超过60%。与此同时，其他国家紧随其后，服务业增加值占GDP的平均比重连年增长。其中一些国家也已实现或接近实现向服务经济的转型，如世界银行数据显示，俄罗斯服务业比重从1990年的32.6%提高至2021年的52.9%；韩国服务业比重从1990年的46.5%提高至2021年的70.0%；印度服务业从1990年的37.0%提高至2021年的47.5%。

2018年，服务业增加值占我国GDP的比重为53.3%，连续六年在三次产

---

① 魏际刚，崔立新.中国服务业发展现状、趋势与展望［M］//谢伏瞻.2020年中国经济形势分析与预测.北京：社会科学文献出版社，2020：212-222.

业中领跑，服务业对经济增长贡献率接近60%，拉动全国GDP增长3.9个百分点。服务业对经济增长的贡献率比制造业高23.6个百分点。[①]

2020年受新冠肺炎疫情冲击，聚集性、接触性服务业受到较大影响，服务业对经济增长的贡献率降至46.3%，但仍稳居三次产业之首。此后服务业在抗击疫情的过程中呈现出强大的发展韧性，2021年贡献率增长至54.9%，为我国经济持续稳定恢复提供了重要支撑。[②]

3. 服务业就业比重不断增加

20世纪80年代以来，服务业就业比重也一直在稳步上升。吸纳就业人数不断上升，是服务业增长对经济发展和社会稳定带来的最大贡献之一。就业人口的增加，一部分是因为服务业吸收新增劳动力，而最主要的一部分，是吸收来自其他经济活动中转移出来的剩余劳动力。[③]

随着我国工业化、城镇化水平的不断提高，服务业就业人员规模快速扩张，就业人员占比稳步攀升，服务业已经成为吸纳就业的主导力量。2013年至2021年，服务业就业人员累计增加8 375万人，年均增长3.0%，平均每年增加就业人员931万人。2021年，服务业就业人员达35 868万人，占全国就业人员总数的48.0%，比2012年提高11.9个百分点。[④]

二、青少年参与服务性劳动的教育意义

服务性劳动教育与公益劳动教育、志愿服务劳动教育共同组成了服务性劳动教育体系，发挥着重要的劳动教育意义。参加服务性劳动，我们可以：

（1）获得参与现代服务性劳动的初步体验，形成对服务性劳动的类型与特

---

① 魏际刚，崔立新.中国服务业发展现状、趋势与展望［M］//谢伏瞻.2020年中国经济形势分析与预测.北京：社会科学文献出版社，2020：212-222.
② 国家统计局.服务业释放主动力　新动能打造新引擎——党的十八大以来经济社会发展成就系列报告之五［EB/OL］.www.stats.gov.cn/sj/sjjd/202302/t20230202_1896680.html.
③ 贺景霖.现代服务业发展研究［M］.武汉：湖北科学技术出版社，2015：9.
④ 国家统计局.服务业释放主动力　新动能打造新引擎——党的十八大以来经济社会发展成就系列报告之五［EB/OL］.www.stats.gov.cn/sj/sjjd/202302/t20230202_1896680.html.

征及独特价值的初步认识。

（2）体悟现代服务性劳动对于创造便利、美好生活的重要意义，形成尊重现代服务性劳动、劳动者、劳动成果的观念，以及积极参与现代服务性劳动的态度；增强公共服务意识、与他人协同劳作的意识；感知服务性劳动中的契约精神、培养诚实劳动的良好习惯；学习爱岗敬业、乐于奉献的劳模精神。

（3）体验服务性劳动的创造性特点及其带来的挑战与乐趣，提升现代服务技能；养成规范劳动、安全劳动的习惯与品质。

（4）树立正确的择业观与职业平等观，懂得职业不分高低贵贱，只是分工不同。

 **阅读思考**

AI 服务会取代人类劳动吗？

写论文、编代码、陪聊天、做翻译……2023年初，上知天文下知地理的智能机器人 ChatGPT 火遍全球，再度引起了人们对 AI 服务的广泛关注。事实上，随着科技变革的加速，客服机器人早已应用于各行各业。比如，2022年就有公司强化科技数据赋能，通过引入新技术，进行大规模模型预训练，对服务机器人进行全面升级，实现客户 7×24 小时的全、准、快、精的服务体验，并有效提高了一线客服人员专业技能，让客户体验螺旋式上升。

2022年10月，特斯拉推出首款人形机器人原型机擎天柱。特斯拉现场展示的视频中，机器人能够完

AI 时代来临，人类劳动何去何从

成搬运货物、给植物浇水和移动金属棒等工作。特斯拉工程师认为，擎天柱未来一定会有对话能力，且随着人工智能的改进，机器人甚至可以通过直觉了解人类的需求，代替人类去做很多事情。例如，这款人形机器人可以代替人类"保姆"的角色，家里的任何家务工作，它都可以为你效劳，而且它的工作效率要比人类更高。

有人说，AI时代来了，必然会出现一个现象：AI会取代人类工作。客服也好、流水线也好、司机也好，重复性的、简单的工作都会被取代。人类未来剩下的只有两件事情：需要创造力的工作和有爱心的工作。

1. 结合材料，谈一谈你对AI服务与人类劳动的看法。

2. 为了应对未来AI时代的就业形势，谈一谈你打算提高自己哪方面的能力。

📖 实践探究

家 乡 小 导 游

一、旅游项目设计

假如你是自己家乡的一位旅行社负责人，请为自己的家乡设计一个旅游项目，包括景点介绍、旅游线路等内容。

二、活动思考

（1）一些旅游景点常常出现虚假、夸大宣传的情况，思考在进行家乡旅游项目设计时如何做到既吸引游客又不虚假宣传。

（2）结合自己设计的旅游项目，思考目前家乡的旅游服务业还存在哪些短板。

三、活动成果展示和交流

将你的旅游项目设计和思考用图片、短视频或者PPT的形式呈现，并在班级作交流展示。

四、活动评价

评价标准	自 评	同学评价	教师评价	总 评
项目设计准备充分				
项目设计合理				
项目设计特色鲜明				
PPT/视频制作精美				

注：评价采用打分制，满分10分。

第四单元

04

劳动创造富强国家

【单元介绍】

多年以来，在我们国家，无论是高精尖技术的研发人员、技术人员，各类工程的建造者、养护者，还是教师、医生、保洁员、快递员、农民、带货主播……各行各业的劳动者都在自己的岗位上通过自己的职业劳动，完成自己的职业责任，共同造就了我们国家今日的飞速发展。

作为职教学生，我们将来也要踏入社会，成为一名为祖国建设发展出力的职业人。你对各行各业有着什么样的认识？对未来职业有什么样的期待？让我们在这一单元中寻找答案吧！

【学习目标】

1. 理解职业劳动推动个人及社会发展的重要价值；了解新时代职业的基本情况。

2. 增强职业荣誉感和责任感，体会劳动不分贵贱，增强从事任何职业都很光荣、都能出彩的意识。

3. 认识到完成工作所需职业技术技能的重要性，树立努力提高职业劳动技能水平的意识。

4. 养成在职场中主动劳动、坚持劳动的良好习惯。

5. 形成积极向上的劳动精神和认真负责的劳动态度；认同劳动精神、工匠精神、劳模精神。

第一课　精彩纷呈的职业世界

🏆 榜样启迪

1956年，钱学森、钱骥、姚桐斌等一批科学家和数千北大、清华等名校学子，隐姓埋名汇聚到刚刚建成的南苑基地。尽管设备简陋，生活艰苦，但强国梦想激励着这些科技工作者。正如钱学森所说："我们是白手起家。

我国航天事业奠基人钱学森

创业是艰难的，困难很多，但我们绝不向困难低头。""对待困难有一个办法，就是'认真'两字。"

面对苏联专家留下的大量不完整数据，除了三台手摇计算机，技术人员只能依靠几百个算盘高手一遍遍手工核算。

"计算室里，16个人对16个人，就是32个人平行地往前算这个数。一条弹道需要往前算，那个时候，大家白天晚上24小时三班倒这么连续算，需要算两个月到三个月，一条弹道才能算出来。"

就这样，他们用认真与巨量的劳动弥补了算盘与国外大型电子计算机之间的鸿沟。

短短十年，我国导弹核武器得到了飞速发展。仅用十多年时间，我国国防尖端技术就取得了一系列重大突破，跻身于世界强国之列。1964年10月，我国自行制造的第一颗原子弹爆炸成功。1967年6月，我国自行制造的第一颗氢弹爆炸成功。1970年4月，中国第一颗人造地球卫星"东方红一号"发射成功，让一曲《东方红》响彻太空。1999年9月，中共中央、国务院、中央军委在人民大会堂召开大会，表彰曾为"两弹一星"研制做出突出贡献的23位科技专家，分别授予、追授他们"两弹一星功勋奖章"。

问题探究

◆ 从个人与国家的角度，谈一谈你对钱学森等人为"两弹一星"付出的艰辛劳动的认识。

认知明理

一、劳动铸就强大国家

（一）职业劳动，至关重要

人类生活离不开物质资料，而物质资料的来源有两种基本途径：一种是天然的，另一种是劳动所得。人类主要以劳动的方式获取物质资料，劳动也因此成为彰显人类本质的、体现人的生命活动的特有形式。

随着社会的发展进步，劳动分工越来越细，也随之分化出各种各样的职业。任何职业都意味着劳动的参与。可以说，职业劳动就是以分工的方式参与的社会劳动。

职业劳动是职业人完成工作职责必不可少的部分，能够保障个人的生存和发展。职业劳动不仅是一个人谋生的需要，也是为社会做贡献，实现人生价值的重要途径。一个人的人生价值的实现，往往离不开职业劳动。衡量人生价值的尺度不是占有和消费了多少价值，而是通过劳动为社会创造了多少价值。

职业劳动创造物质财富和精神财富，赋予劳动者的生活世界以意义和尊严，是幸福生活的源泉，在精神层面给人带来充实感、满足感。对于普通的劳动者来说，职业不仅仅是生存的手段，也是生活的意义和寄托。马克思主义认为，劳动创造了人本身，劳动创造了人类生活，劳动是一切价值的源泉。从这个意义上来说，现代人参与职业劳动不仅仅是为了获得物质上的回馈，更多地是在参与社会生活中获得意义和价值，体验人作为社会存在的特别之处。人们通过职业劳动能获取财富，满足生存所需，更能通过职业劳动找到精神寄托，领悟生活的意义。劳动是一切幸福的源泉。"人世间的一切幸福都需要靠辛勤的劳动来创造。"功崇惟志，业广惟勤。民生在勤，勤则不匮。新中国成立以来，中国的经济飞速发展，创造了人类发展史上的奇迹，其中凝聚了各行各业亿万劳动人民的汗水和心血。

在我们周围，有很多的职业人，比如我们的祖辈、父辈，从他们的成长经

微课视频

劳动铸就强
大国家

历中，我们可以看出，职业劳动促进了个人的发展。从根本上说，劳动是人类社会存在和发展的基础，更是个体发展的重要条件。在社会中，职业劳动促进个人的生存与发展。职业劳动为个人成长提供了条件和基础。在自己的职业发展中，我们要树立"职业劳动促进我成才"的观念。

我们每个人都要意识到职业劳动的重要性，在校期间勤于学习、善于实践，将来在工作岗位上兢兢业业、精益求精，就一定能够在职业生涯中有所建树，成就自己的个人发展。

名人名言

我觉得人生求乐的方法，最好莫过于尊重劳动。一切乐境，都可由劳动得来，一切苦境，都可由劳动解脱。

——李大钊

（二）大家劳动，共促发展

翻开中华民族史册，四大发明享誉世界，这背后是无数能工巧匠的劳动。新中国成立后，从新中国第一架飞机"初教-5"制造成功到国产大飞机C919顺利首飞，从第一颗卫星"东方红一号"上天到"天问一号"首次火星探测，从自行研制第一艘沿海客货轮"民主十号"到第一艘国产航母下水……无数个第一的伟大创举，依靠的正是一代代大国工匠的智慧与辛勤劳动。载人航天、三峡水利枢纽、西气东输、南水北调、港珠澳大桥等世界级工程建设，同样离不开广大劳动人民

国产大飞机C919

港珠澳跨海大桥　　　　　　　　　我国的载人航天工程举世瞩目

的共同努力。如具有完全自主知识产权的干线民用飞机C919诞生，对中国航空产业发展来说意义非凡。航空产业的产业链长且辐射领域广泛，涉及到机械、电子、材料、化工等几乎所有工业门类，一架C919大型客机有724根线缆、2 328根导管，零部件总数达250万个。像研发建造C919这样的大型工程，正是集体劳动的结晶，体现了社会劳动的价值。

劳动推动了社会的进步、国家的发展。"劳动是推动人类社会进步的根本力量。"职业劳动创造了各种社会文明，而且仍然在塑造着人、塑造着人类社会。各行各业的人在劳动中收获了个人成长，也为国家发展做出了自己的贡献，缔造了中华民族的辉煌历史。

我们都是劳动者

　　各行各业的人都是奋斗中的劳动者，他们都是社会进步必不可少的组成部分。无论是消防员、电力工人、铁路工作者、军人还是医务工作者……都在国家建设中发挥着重要的作用。他们凭借自己的职业技能来履行自己的职业责任，从而促进了个人与社会的进步和发展。"劳动是一切成功的必经之路。"我们要实现国家的奋斗目标，归根到底要靠各行各业的劳动者在职业领域的辛勤劳动、诚实劳动、创造性劳动。

二、职业劳动不分贵贱

（一）职业劳动面面观

　　职业是社会分工的产物。随着社会的发展进步，劳动分工也不断细化，职业的分工也逐渐达到细致入微的程度。不同职业所要求的职责不同，劳动对象、劳动工具以及劳动的支出形式都各有不同。基于不同的职业劳动性质，职业被划分为不同类型。

　　《中华人民共和国职业分类大典》（以下简称《大典》）是我国第一部对职业进行科学分类的权威性文献，于1999年5月正式颁布实施。《大典》把我国职业划分为由大到小、由粗到细的四个层次：大类、中类、小类、细类。随着社会的不断发展，新的职业需求不断产生，《大典》中对于职业的分类、职业信息的描述也在与时俱进地调整变化。截至2023年，《大典》经历了两次修订，并向社会发布了2015版和2022版的修订版《大典》。其中，2015版《大典》在职业分类体系、职业信息描述内容、职业信息描述项目等三方面进行了修订，并增加了绿色职业标识。相比于1999版，2015版《大典》在职业分类上维持了8个大类、增加9个中类和21个小类，减少547个职业。2021年，人力资源和社会保障部、国家市场监督管理总局、国家统计局联合启动开展第二次全面修订，并于2022年9月终审通过了最新版《大典》。2022版《大典》包括大类8个、中类79个、小类449个、细类（职业）1 639个，相比2015版《大典》增加了法律事务及辅助人员等4个中类，数字技术工程技术人员等15

个小类，净增了碳汇计量评估师等158个职业。

《中华人民共和国职业分类大典》（2022版）中职业的8个大类分别是：

第一大类：国家机关、党群组织、企业、事业单位负责人；

第二大类：专业技术人员；

第三大类：办事人员和有关人员；

第四大类：社会生产服务和生活服务人员；

第五大类：农、林、牧、渔业生产及辅助人员；

第六大类：生产制造及有关人员；

第七大类：军队人员；

第八大类：不便分类的其他从业人员。

随着社会的进步和行业的发展，社会上的职业也在发生着变化，新职业也随之不断产生并发展起来。新职业是指《大典》中没有收录的，但经济社会发展中已有一定规模从业人员且具有相对独立成熟的专业和技能要求的职业。自2019年以来，人社部等部门已陆续向社会发布五个批次74个新职业。而职业的更新迭代与时代的发展变迁息息相关。数字经济的蓬勃发展催生了大数据工程技术人员、无人机驾驶员、物联网安装调试员、农业数字化技术员等职业；绿色转型的全面加速带来了碳排放管理员、碳汇计量评估师、综合能源服务员等职业；人们对美好生活的向往和追求也使民宿管家、调饮师、研学旅行指导师等职业悄然兴起……从这些发布的新职业中我们便能深刻地体会到时代发展变迁与职业变迁的密切关系。

而新职业的不断出现也伴随着旧职业的逐渐消失。2022年《大典》不但纳入了近年来新增的职业信息，也对部分原有职业信息描述进行了更新，同时还根据实际取消或整合了已消亡的部分职业。例如：将报关专业人员和报检专业人员2个职业，整合为报关人员1个职业。而电报业务员等职业则被取消。细心的人可以发现，打字员、传呼机接线员、锔碗匠等职业正不知不觉淡出我们的生活，变得越来越少见、甚至完全消失了。可以想象，我们当前司空见惯的许多职业也许在不久的将来也会湮灭于历史的大潮中。

对此，作为职教生，我们要勇于面对变化、迎接挑战，通过掌握新技能、学习新本领，结合自己的兴趣爱好进行选择，通过职业劳动使个人价值得到充分发挥，拓宽自己的人生舞台。

· 知识链接 ·

你知道调饮师的职业吗？

随着生活模式改变及生活节奏加快，原先单一的茶、牛奶或果汁等饮品，已很难满足消费者多样化需求。近年来出现了将不同原料融合调制出的新式可口健康饮品，广受群众特别是年轻人的喜爱，调饮师这一职业便应运而生了。这一新兴职业的出现，不仅有利于促进灵活就业，还可带动茶叶、奶类及果蔬等产业的发展。

调饮师饮品制作中

调饮师是指对茶叶、水果、奶及奶制品等原辅料通过色彩搭配、造型和营养成分配比等，完成多元化口味饮品调制的人员。

调饮师的主要工作任务包含如下：

① 采购茶叶、水果、奶制品和其他调饮所需食材；

② 清洁操作吧台，消毒操作用具；

③ 装饰水吧、操作台，陈设原料；

④ 依据食材营养成分、口味等设计调饮配方；

⑤ 调制混合茶、奶制品、咖啡或时令饮品；

⑥ 展示、推介特色饮品。

（二）职业平等观

随着社会经济的发展，我国现有的职业日益多元，各行各业的劳动者都在社会生活中扮演着重要角色，承担着重要责任。许多新涌现出的职业，为社会生活提供了更加丰富的产品和服务。对于劳动者来说，无论劳动的形式和分工有何不同，只要是靠自己的劳动创造社会价值，都应该被尊重。

中华人民共和国成立后，我们有"宁可一人脏，换来万人洁"的时传祥，他不怕苦不怕脏，在平凡的工作岗位上做出了不平凡的业绩，成为载誉全国的著名劳动模范。新时期，我们也有像白玉晶这样的全国劳动模范、全国总工会"最美职工"，钻明沟、爬暗渠，掏窨井、通管路，每天不知疲倦地做着自己的排水工作。虽然工作辛苦她却非常开心，"我感到光荣和快乐！"

没有豪言壮语和惊天动地，在平凡的岗位上，许多新时代的奋斗者用汗水和实干留下最美的身影，为整个社会的发展做出了自己的贡献。这些劳动者值得我们尊重，也值得我们学习。

我国各行各业的劳动者，只有分工不同，没有贵贱之分，一律平等。中华民族的伟大复兴要凝聚各方力量，需要各行各业劳动者的辛勤劳动。

微课视频

每个人都了不起

三百六十行，行行出状元。习近平总书记告诉我们："人生本平等，职业无贵贱。三百六十行，行行都是社会所需要的。不管他们从事的是体力劳动还是脑力劳动，是简单劳动还是复杂劳动，只要有益于人民和社会，他们的劳动同样是光荣的，同样值得尊重。"

因此，职教生要摒弃把职业划为三六九等的陈旧观念，更新择业观念，通过诚实劳动感受劳动价值，逐步树立"劳动没有高低贵贱之分，任何一份职业都很光荣"的观念。在我们社会主义国家，一切劳动，无论是体力劳动还是脑力劳动，都值得尊重和鼓励；一切创造，无论是个人创造还是集体创造，都值得尊重和鼓励。

在新职业日益迭出的年代，职教生可选择的职业越来越多。无论从事哪种职业，只要有踏实肯干的劳动态度，追求精益求精的坚持与初心，一切平凡的工作都可以成就不平凡的业绩。

三、人人都有出彩机会

社会不断发展，国家不断进步。时至今日，我们身处一个充满无限机遇的发展环境，社会对技能型人才的需求极大，国家政策对技能人才愈发友好。与此同时，优秀的技能人才不断涌现，为职教生的职业发展树立了榜样。我们处在一个"人人都能出彩"的好时代。

（一）拥有人人出彩的大环境

国家发展需要技能人才，也大力保障技能人才的发展。20世纪50年代，我国实行八级工资制，工人的技术等级与工资等级挂钩。在那个年代，八级工待遇能超过厂长，工人的技术等级越高，工资就越高，也就越受人尊重。比如，军工奇才刘贵福每月的工资就是朱德总司令工资的六倍左右。

近年来，我国实施鼓励对技能人才提高待遇的各项政策，各地也通过实行年薪制、协议薪酬制、专项特殊奖励等方式不断提升对技能人才的培育力度。2008年，400名高技能人才出现在国务院政府特殊津贴获得者名单上；2010年，广州对"振兴杯"全国青年职业技能大赛的冠军、广州市工贸技师学院教师陈立准，破天荒地给予重奖20万元；2019年，深圳出台对获得世界技能大赛金牌的选手奖励100万元的政策；2020年，酒钢集团能源中心的一线技术工人、首席技师杜钧通过了甘肃省人社厅组织的工程技术领域高级职称评定，破格获得正高级工程师职称，成为甘肃首位"工人专家"。

职业教育是培养高素质技能人才的重要途径，肩负着培养多样化人才、传承技术技能、促进就业创业的重要职责。国家大力发展职业教育，在2022年国家颁布的《中华人民共和国职业教育法》（以下简称《职业教育法》）中，明确指出：职业教育是与普通教育具有同等重要地位的教育类型。

2021年4月，习近平总书记对职业教育工作作出了重要指示，要"加快构建现代职业教育体系，培养更多高素质技术技能人才、能工巧匠、大国工匠"。2021年5月，国家发改委等三部委发布《"十四五"时期教育强国推进工程实施方案》，明确支持一批优质职业院校，建设一批高水平、专业化产教融合实训基地；2021年6月，人社部等五部委发布《关于全面推行中国特色企业新型学徒制加强技能人才培养的指导意见》，面向企业全面推行新型学徒制培训，人均补贴每年5 000元……一系列的政策更好地保障了职业教育的发展。

目前职业教育的发展前景非常好，高职院校大规模扩招，中等职业学校迎来国家奖学金，产教融合、校企合作的深度和广度不断加深，等等。国家的多项举措都为职教生的发展提供了良好的契机。

有了国家的大力支持，我们更要把握职业教育发展的良好契机，坚信"努力让每个人都有人生出彩的机会"，努力做到知行合一，勤学苦练，立志成为社会所需的技术技能人才。

（二）精湛技能助力出彩人生

一个人的职业发展离不开精湛的职业技能。党的十九届五中全会明确提出"加强创新型、应用型技能型人才培养要求"，"加快提升劳动者技能素质"；《职业教育法》规定，职业教育的目的包含"提高劳动者素质和技术技能水平"。

微课视频

国之骄傲，
青年工匠

掌握精湛的技能不但能够促进个人的发展，还能为国争光。世界技能大赛被誉为"世界技能奥林匹克"，其竞技水平代表了当今职业技能发展的世界先进水平。在第44届世界技能大赛中，我国52名选手在47个项目的比赛中取得了15枚金牌、7枚银牌、8枚铜牌和12个优胜奖的优异成绩，创造了我国参赛以来的最好成绩。第45届世界技能大赛中，中国代表团63名选手参加了全部的56个项目的比赛，共获得16枚金牌、14枚银牌、5枚铜牌和17个优胜奖，再次荣登金牌榜、奖牌榜、团体总分第一。在这些参赛者中，也不乏职教生的身影。

"我通过自己的经历感受到，选择技术之路也可以改变人生。"这句感言出自第44届世界技能大赛车身修理项目金牌得主杨山巍。他从一名普通的职教生成长为在世界五百强企业中拥有自己工作室的车企员工，他用亲身经历告诉我们，通过磨炼获得的精湛技能可以助力自己的出彩人生。

职教生要想拥有同样出彩的人生，就要努力练就过硬技能。许多优秀的技能人才用他们的亲身经历证明了，并不是只有靠高学历才能为国家做贡献，职教生靠技能之长，也可以为国家出力、为国争光。

想要获得出彩人生，具备一技之长是我们通往成功的一个重要途径。怎样才能拥有精湛的技能呢？在技能成才的道路上，勤学苦练是必经之路。所有拥有精湛技能的劳动者，都有刻苦练习技能的经历。

第44届世界技能大赛车身修理项目的金牌获得者杨山巍曾经讲过这样一段经历："就在我备战的最后关头，世赛组委会突然新增了一道题目——在汽车底盘上钻孔。可是，要在汽车底盘上练习钻孔谈何容易！底盘是汽车最坚固的部位，一般钻头根本钻不动。底盘位置不易接近，即使用升降机，人也只能歪着脑袋、斜侧着身体进入，况且还要抱着十几斤的钻机。当天晚上，我就开始练习到汽车下面在底盘上钻孔。要让钻孔的直径和弧度符合工业要求，还需要反复练习。每一轮训练，我都戴着面罩，抱着钻机，侧身在底盘下面用6个小时钻出100多个孔。狭小的空间内，既站不直，也坐不下，长时间保持一个姿势钻孔，腰痛得厉害，但我都坚持了下来。"据不完全统计，集训期间，杨山巍训练磨损的各种钻头达300多个，消耗的各种打磨片近1 000块。技能提升是没有捷径可走的，要想拥有出彩人生，就必须在苦练职业技能上下功夫。

所有劳动者，只要肯学、肯干、肯钻研，练就一身真本领，掌握一手好技术，就有了立足岗位成长成才的基础，就一定能成就一番人生事业。新时代是在奋斗中成就伟业、造就人才的时代。职教生要在报效祖国、服务人民的人生中有所作为，就一定要突破自我，练好技能，增强本领。

实践探究

采访自己的父母或几位学长，请他们谈谈自己的职业，比如：工作职责有哪些？职业劳动给自己带来哪些收获？职业劳动对个人发展有哪些作用？

要求：

（1）请按自己设计的采访提纲进行采访，并撰写感受。

（2）采访后形成一份成果汇报，可用文字稿，也可用图片、视频等方式呈现。

采访记录表（供参考）

采访时间	
采访地点	
采访对象及职业	
采访问题及流程	

（3）与同学交流自己的感受并完成同伴打分。

采访任务完成情况表（同伴打分）

	好	较好	一般	待改进
采访提纲明确				
采访效果				
采访后的成果汇报				
自我感受交流情况				
总体评价				

第二课　时刻为职业做准备

陈行行：无数次向技艺极限冲击

中国工程物理研究院机械制造工艺研究所高级技师陈行行，入选2018年"大国工匠年度人物"。当时，他只有29岁。

要用比头发丝还细0.02毫米的刀头，在直径不到2厘米的圆盘上打出36个小孔，这比用绣花针给老鼠种睫毛还难。这么难的事情，年仅29岁的陈行行却做到了。在高速旋转的刀具作用下，36个小孔精确成型。

在新型数控加工领域，陈行行总是把不可能变成了可能。在工作中他曾遇到挑战：用在尖端武器装备上的薄薄的壳体，产品50%的合格率始终难以逾越。陈行行为此无数次修改编程、调整刀具、订正参数，变换走刀轨迹和装夹方式。通过他的努力，最终让产品合格率达到了100%。

据介绍，陈行行是复合型技能人才，在数控加工中心操作中，他精通多轴联动加工技术、高速高精度加工技术和参数化自动编程技术等，尤其擅长薄壁类、弱刚性类零件的加工工艺与技术。早在上学时，陈行行就考了12个操作证书，涉及电工、焊工、钳工、模具设计等共8个工种。毕业后仅三年，就成长为山东省技术能手，继而被中物院机械制造工艺研究所发现并看中。

在中物院机械制造工艺研究所，每个技能人员都要通过一年、三年、五年的周期考核。"两张黄牌换一张红牌，不行就走人。"在这样充满竞争的环境下，陈行行付出了比常人更多的努力："当我看到别人在学习的时候，我会更加努力学习。别人学一个小时，我就要学两个小时。"除了工作和睡觉，其余时间他都在学习。陈行行很快就成长为单位骨干。

建军90周年阅兵，当最后出场的核导弹方队出现在屏幕上时，千里之外的陈行行和同事沸腾了。陈行行说："像一颗小螺丝钉一样，在其中能够发挥一点点的作用，心里感觉到很自豪，我们是有我们的拳头的！"一个人最大的自豪是，这个世界不必知道我是谁，但我参与的事业却惊艳了世界。

问题探究

◆ 你觉得陈行行凭借哪些本领成为了大国工匠？

_____

_____

◆ 要成为一名优秀的职业人，你认为应当具备什么样的品质呢？

_____

_____

 认知明理

一、职业劳动能力必不可少

（一）厘清技能要求

职教生要凭借自己的一技之长在职业领域更好地发展，要做好充分的准备。其中非常重要的就是对接岗位需求，厘清所需技能。要了解自己的专业、了解行业需求，以及具体的岗位要求。这样才能有针对性地进行学习，练就宝贵技能。

职业资格证书制度是劳动者拥有合格的职业能力水平的制度保障。《中华人民共和国劳动法》第六十九条规定"国家确定职业分类，对规定的职业制定职业技能标准，实行职业资格证书制度"。截至2015年底，国家先后颁布946个国家职业技能标准，规范了劳动者职业技能要求。

为激发市场活力，促进劳动者成长，2017年9月，经国务院同意，人社部公布《国家职业资格目录》（以下简称《目录》）。为规范实施《目录》，人社部修订颁布《国家职业技能标准编制技术规程（2018年版）》，并启动《目录》所涉及职业的国家职业技能标准制定修订工作。2021年11月23日，人力资源社会保障部会同国务院有关部门对《目录》进行优化调整，形成了《国家职业

两版《目录》职业资格数量对比表

国家职业资格目录（2017年版）			
	专业技术人员职业资格	技能人员职业资格	总计
准入类	36	5	140
水平评价	23	76	
国家职业资格目录（2021年版）			
	专业技术人员职业资格	技能人员职业资格	总计
准入类	33	13	72
水平评价	26	0	

资格目录（2021年版）》。优化后的《目录》与2017年相比，职业资格减少了68项，削减49%。

职业资格目录系统明确地规定了不同职位的资格要求，为未来的劳动者提供了不同岗位所需的技能要求与标准。对于社会而言，能够提高职业资格设置管理的科学化、规范化水平，持续激发市场主体创造活力，更好地推进供给侧结构性改革；对于未来劳动者而言，职业资格标准的明晰与规范能够提供专业发展、能力培养的方向指引，能更有目标、有针对性地培养和发展专业所需技能，提升能力水平，做好充分的职业准备，成为合格的劳动者。

对此，一方面，职教生应当了解与所学专业相关的职业技能标准，作为今后衡量学习效果的标准和准则，遵照标准提升自己的技能水平。比如餐饮类专业的同学可以了解中式烹调师、中式点心师、西式烹调师、西式面点师的职业技能标准，汽车制造类专业的同学可以了解汽车装调工、汽车制造类等职业的技能标准，机械设计制造类的同学可以关注制冷工、车工、铣工、磨工、焊工等职业方面的职业技能标准。另一方面，职教生在了解具体职业技能标准的基础上，还应当对照自己目前的技能水平，明确今后的努力方向，并进行提升。学校的技能学习、技能社团的训练、职业培训机构的培训、参与各类技能竞赛等都是提升职业技能的重要途径。只有具备了过硬的职业技能，才能在岗位上较好地完成工作职责，为将来成为技能人才奠定坚实的基础。

小试身手

今天的我们，可能已经习惯了动动手指外卖就能送来，发送语音指令扫地机器人就会擦地等。小明同学认为，新时代越来越多的机器替代了人力，职业劳动会越来越少，也不用刻苦练习技能了。你对此是怎么看的呢？请谈谈你的想法。

（二）重视职业安全

职业劳动过程中，职业安全与健康是非常重要的一个方面。国家重视职业安全与健康。安全发展的理念已被写进了国家经济与社会发展规划，国家多部法律都有关于职业安全与健康方面的专门规定。

《中华人民共和国宪法》中有关职业安全健康的规定主要有：国家创造劳动就业条件，加强劳动保护，改善劳动条件，并在发展生产的基础上，提高劳动报酬和福利待遇。国家对预备就业的公民进行必要的劳动就业训练。劳动者有休息的权利。国家发展劳动者休息和休养的设施，规定职工的工作时间和休假制度。公民在年老、疾病或者丧失劳动能力的情况下，有从国家和社会获得物质帮助的权利。国家发展为公民提供享受这些权利所需要的社会保险、社会救济和医疗卫生事业。妇女在政治、经济、文化、社会和家庭的生活等各方面享有同男子平等的权利。国家保护妇女的权利和利益，实行男女同工同酬。

《中华人民共和国安全生产法》中明确规定：安全生产工作应当以人为本，坚持人民至上、生命至上，把保护人民生命安全摆在首位，树牢安全发展理念，坚持安全第一、预防为主、综合治理的方针，从源头上防范化解重大安全风险。

此外，《矿山安全法》《职业病防治法》《劳动法》《劳动合同法》也都有职业安全与健康的相关规定。我们既要增强重视职业安全与健康的意识，也要学会用法律武器来保护自己的合法权益。

职业安全要从消除隐患、预防为主着手，这对每一位职业人都是非常重要的。

阅读思考

小红在校就读的是数控专业，毕业后进入一家工具厂工作。入职前，车间主任就提醒说，你应当把长发剪掉，这样在操作的时候就不容易发生安全意外。可是小红不以为然，甚至在操作的时候也没有按指令戴好帽子。有一天小红在机床上操作的时候，不小心头发卷入了车床，造成了头皮撕裂，差点危及生命。

小王毕业进入了一家汽车制造厂工作。他的工作被安排在装配车间，负责将零件卸下再装上。有一天他在装配的过程中没有按照规程反复拧紧螺丝，觉得差不多就可以了。可是由于传送带速度过快，未被拧紧的零件被高速运转的机器甩了出来，砸中了另外一个同事的脸，同事脸上顿时鲜血直流。

小红和小王的安全事故是否可以避免？我们从中可以吸取什么教训？

职教生一定要把职业安全意识记心中，时刻注重职业安全。在实习与就业过程中，一些曾经发生过的真实案例都告诉我们安全无小事。在完成职业任务的过程中，必须注重安全防范，做好安全防护，同时按照安全技术规程操作，才能够顺利完成工作任务，杜绝安全责任事故。

目前，全社会也形成了"关爱生命、关注安全"的社会氛围，全民普遍关注和重视安全生产社会风尚正在形成。从2002年开始，中共中央宣传部、国家安全生产监督管理局、国家广播电影电视总局、中华全国总工会、共青团中央等五部门在全国联合开展了"安全生产万里行"活动，取得了很好的效果。我们也应当积极贯彻国家有关安全生产的方针政策和安全生产法律法规、政策措施，重视职业安全问题，在未来的工作岗位上也要做到"安安全全上班来，平平安安回家去"。

（三）保护劳动健康

截至2019年，我国总人口已超过14亿人，就业人口达到7.8亿人。据不完全统计，我国接触各种职业病危害因素的劳动者约2亿。可见，劳动健康是我们在未来工作中要时刻放在心上的一件事。那么，我们该怎样保护自己的劳动健康呢？

1. 树立健康意识、注重防护

我们要树立健康意识，了解、掌握与职业健康相关的各项制度、标准，了解工作场所存在的危害因素，掌握个人防护用品的正确佩戴和使用方法。

2. 学习危害事故处理方法，掌握急救知识

学习掌握常见职业病危害事故的处理方法，掌握急救知识。一旦发生事故，能够正确应对，能够正确逃生、自救和开展互救。

3. 认清职业危害，采用方法主动避免

不同的职业产生职业危害的途径不同，我们要认清自己所从事职业可能对健康产生的危害，主动采用方法进行防范。如在生产环境中会长期接触粉尘，易受化学、物理、生物等因素的影响，要严格按照操作规程进行作业，并正确佩戴个人防护用品。

如工作需要长时间伏案低头，应注意保持坐时姿态良好，上身挺直；将椅子的高低调整适中，使双脚刚好合适地平踩在地面上，间隔一段时间放松一下颈椎、肩膀和腰背，适当锻炼放松缓解肌肉紧张。

如需长时间使用电脑时，屏幕的仰角要与使用者的视线相对，不过分低头或抬头；经常要对着荧光屏或液晶屏工作的人，每隔1—2小时应有意识地离开屏幕一段时间，向远处眺望，坚持做眼保健操，预防眼部干燥。注意合理休息，建议每工作1—1.5小时就活动一下腰部和颈部。

如从事导游、讲解员、教师等工作，要注重咽喉健康，常备润喉片，多喝水，尤其长时间用嗓后宜饮热茶。站立时两腿重心交替使用，防止静脉曲张。

如从事车辆驾驶类工作，应保持正确的驾驶姿势，将驾驶座位调整至适当的位置，确保腰椎受力适度，并注意减少震动。做到合理安排行程，一般每隔两小时休息15—30分钟。

总之，我们应当养成良好的职业习惯，遵守劳动安全技术规程，同时注重

自身健康，定期参加职业健康检查。在职业操作的过程当中，良好的职业习惯会为职业安全与健康起到保驾护航的作用。因此，我们在日常的实习实践过程中就应当养成严格遵守劳动安全技术规程等良好的职业习惯。

二、职业精神弥足珍贵

个人要想获得职业的发展，不仅仅需要精湛的职业技能，更需要职业精神的引领。无数的先进劳动者为我们树立了职业的榜样，成就了"干一行爱一行精一行"的职业典范。在当今时代，我们需要学习劳模精神，传承工匠精神，树立正确的劳动价值观。

（一）学习劳模精神

劳动模范不是社会发展新时期的产物，劳模精神也并非近来才有的概念。在革命战争年代，乃至社会主义革命建设、改革时期，一批批先进的劳动模范在顽强拼搏、艰苦奋斗、忘我奉献中书写着我国广大劳动者的精神气象。那么，到底什么是劳模精神？在不同时代，劳模精神有着不同的内涵。

革命战争年代，劳模精神就是劳动者"一不怕苦、二不怕死"的硬骨头精神。至今仍在传唱的《南泥湾》正是体现了劳动人民在抗战时期的这一伟大精神。1940年5月，抗日战争进入相持阶段，陕甘宁边区出现了空前严重的物资短缺。朱德总司令在经过详尽的勘查后，指示三五九旅开垦南泥湾以增产粮食。边区军民在敌人的围堵封锁的恶劣环境中，充分展现了不畏艰险、勤劳勇敢、乐观向上的精神品质，用汗水与智慧将一片荒芜、人迹罕至的"烂泥湾"变成了稻谷飘香、牛羊成群的陕北"好江南"！

在社会主义革命建设时期，面对生产力水平低下、百业待兴的社会状况，新中国的劳动者克服重重困难，建成了青藏铁路、青藏公路；铁人王进喜用"宁可少活20年，拼命也要拿下大油田"的忘我拼搏精神激励大家攻坚克难，建成大庆油田；"杂交水稻之父"袁隆平，为解决中国人的温饱问题，一生求索、孜孜不倦。还有雷锋、邓稼先、焦裕禄等都是这个时代涌现出的先进劳动者。他们苦干实干，积极投身于社会生产实践、保护革命胜利果实、建设新中国的伟大事业中，成为新中国建设初期当之无愧的劳动模范、精神楷模。

一粥一饭，
当思来之不易。

"杂交水稻之父"袁隆平

在改革开放和社会主义现代化建设时期，面对经济状态问题丛生、科技水平亟待发展的社会境况，劳动者们在积极开展生产的同时不断向科学技术现代化进军，勇于突破思想禁锢、敢于攻坚克难，敢打敢拼，积极创新，做时代的"弄潮儿"。

随着中国特色社会主义进入新时代，在全面建成小康社会、乡村振兴、抗击疫情、建设科学强国的时代召唤下，"知识、创新、技能、管理"成为新时代劳动精神的关键词，越来越多知识型、创新型、技术型劳动模范涌现。2022年劳动模范获得者曹献平是海口市龙华区行政审批服务局党组书记，她勤于实践、勇于创新，积极探索，争当改革先锋。她不仅牵头搭建了海南省首个"两局两中心"数字政府运行平台，推动了全市全省数字政府转型，还以"一枚印章管审批"为抓手，率先推进"大一窗"综合受理改革，积极推进"极简审批"，成立全省首个"24小时政务服务自助超市"，开创了全市全省多个先河。曹献平为代表的新时代劳动模范用自己的专业、敬业诠释出最好的时代精神，也为国家富强、民族复兴贡献了重要力量。

可以说，虽然劳模精神在不同时代境遇中有着不同的具体内涵，但其核心要义是一致的：第一，锐意进取、顺应时代需要、回应社会需求是劳模精神内含的责任与使命。第二，个人价值熔铸社会价值是劳模精神永恒的价值追求。第三，爱岗敬业、争创一流、艰苦奋斗、勇于创新、淡泊名利、甘于奉献则是劳模精神不变的精神内核。

学习劳模精神，让我们充分感受到了劳动者在创造历史过程中的决定性作用。马克思曾说："整个所谓世界历史不外是人通过人的劳动而诞生的过程。"

劳动模范以其精神向我们展现了劳动人民在推动历史发展过程中可能迸发的强大的生命力、凝聚力、影响力。每一个岗位、每一项职业，不论是脑力劳动者还是体力劳动者，对于社会进步、历史发展都起着无可替代的、至关重要的作用。

学习劳模精神，更为作为青年的我们提供了行为示范与精神指引。"爱岗敬业、争创一流"告诉我们只有热爱自己的工作，具有主人翁精神才能更好地完成工作。职业劳动者需要有良好的职业技能，爱岗敬业是具备良好职业技能的前提。"艰苦奋斗、勇于创新"提醒我们社会的发展既需要我们踏实努力、吃苦耐劳，更要求我们充满智慧、敢为人先，拥有开疆拓土的勇气和魄力。"淡泊名利、甘于奉献"则立足人格境界，呼吁我们培养淡泊名利的义利观和甘于奉献的利他精神。

🧠 阅读思考

齐白石是我国著名的国画大师。最初，他不过是个书画店的小学徒，凭借着刻苦勤奋的努力，终于成为一代国画大师。他写下了"不教一日闲过"六个大字，时刻督促自己要努力。在他九十多岁高龄的时候，有一次，齐白石的朋友们为他庆祝生日，上门祝贺的客人络绎不绝，人来人往直到深夜。那一天，他非常疲倦，没有作画。第二天一大早，齐白石一头扎进画室，直到画满五张才走出画室吃早餐。吃完饭，刚刚放下碗筷，齐白石又跑进了画室。家人感到非常奇怪，不解地问："今天的任务不是已经完成了吗？怎么还要画啊？"齐白石说："昨天过生日忙了一天，没有画画，所以我今天要多画几张，弥补昨天浪费的时间。我的原则就是不教一日闲过。"

你觉得齐白石成名后为什么还要坚持每日练习画画呢？

业精于勤荒于嬉，行成于思毁于随。

——韩愈

小试身手

有的同学对自己的专业非常喜爱，也有的同学对所学专业的认知还非常迷茫。

开展"问问自己：你热爱自己的专业吗？"活动。

请同学们谈谈自己在专业学习当中的艰苦与辛酸，也找一找在专业学习中的快乐与收获。探究一下自己是否热爱自己的专业，是否愿意在专业学习中付出努力、苦干实干。

专业学习的苦
专业学习的乐
在专业学习中，我愿意怎样做

（二）传承工匠精神

如果说劳模精神体现了劳动者对待职业劳动之"敬"，那么工匠精神则体现了劳动者对待职业劳动之"精"。

工匠精神是劳动者的价值取向与行为表现，是从业过程中对职业的态度和精神理念。2020年11月24日，在全国劳动模范和先进工作者表彰大会上，习近平总书记将工匠精神的深刻内涵高度概括为：执着专注、精益求精、一丝不苟、追求卓越。

执着专注，说的是对职业持之以恒的坚守，对技能提升的不懈探索，对工作和产品的精雕细琢。"冰冻三尺，非一日之寒；骐骥千里，非一日之功。"要想成为真正的工匠，在自己喜欢的专业领域做出一定的成就，就要怀有对待职业执着追求的精神。只有坚持不懈地钻研，持之以恒地不断练习、修正、调整和提高，才能在技能上有所提升，在职业上有所建树。那些令人敬佩的工匠精神践行者们——如勇于挑战进口设备的王树军，填补了和谐机车车载设备理论上空白的王振平，从机修钳工成长为数控设备维修专家的"中国质量工匠"刘云清等，在他们实现技术精进、产业突破的背后，无不凝聚着无数日夜的坚守奋斗。

精益求精，说的是"没有最好，只有更好"的职业信念，也是实现突破与超越、化"不可能"为"可能"的精神动力。我国自古就有精益求精的优良传统，《诗经》中的"如切如磋，如琢如磨"，反映的就是古代工匠在切割、打磨、雕刻玉器等时精益求精、反复琢磨的工作态度。而这种切磋琢磨的精神，也引领着当代工匠们不断突破自我、创造奇迹。"80后"工程师陈亮，从业18年来，不断刻苦攻关，淬炼技艺，经他手研发出的工业模具，精度能够控制在一微米之内。精益求精，是陈亮对自己未曾动摇的基本要求。正是在不断精益求精中，他创造了一微米的奇迹，成为名副其实的"一微米大师"。

一丝不苟，说的是严谨肃穆的工作作风。首先，一丝不苟意味着将虔敬认真作为对待工作的基本态度。在《论语·子路》中，樊迟问孔子什么是"仁"，孔子答道："居处恭，执事敬，与人忠。"其中，"执事敬"是对待一切工作的要求，意味着对工作的谨慎认真，做事的精义就在于"敬事"上。其次，一丝不苟意味着注重细节。细节往往是决定成败的关键。正所谓"差之毫厘，谬以千里"，工作中的任何看似微小的马虎与失误都可能酿造悲剧性的后果。最后，需要强调的是，一丝不苟并不意味着不能犯错，而是强调对于可以避免的错误应

微课视频

在刀尖上为
"工匠精神"
代言

当及时改正，以严肃认真的态度不断精进。在建设新中国第一条地铁——北京地铁时，毛主席在给当时地铁领导小组组长杨勇的批示中写道："精心设计，精心施工。在建设过程中，一定会有不少错误失败，随时注意改正。"正是在毛主席的鼓舞下，设计师们格外精心设计、画图，不忽视任何一个微小的细节、不留一点误差。在1969年10月1日，新中国的第一条地铁终于顺利建成通车。

追求卓越，说的是对劳动创造性、艺术性、超越性的无限追求。大国工匠，不会只追求将工作"做得好"，更追求"做得美""做得新""做得妙"。《庄子》中讲庖丁解牛游刃有余，"道也，进乎技矣"。这正体现了在技能提升上的执着不懈、追求完美。追求极致，也是錾刻大师孟剑锋对自己的要

孟剑锋参与制作的APEC纪念国礼"和美纯银錾刻丝巾果盘"

求。北京APEC会议上送给外国领导人和夫人的国礼，是一个好似盛着一条银色丝巾的、草藤编织的果盘。丝巾看上去质地柔软，图案清晰自然。各国领导和夫人们纷纷忍不住伸手触摸，却没有一个人能抓得起来。原来，这块丝巾是用纯银錾刻出来的。这一如此逼真的惊世杰作正出自孟剑锋之手。在孟剑锋看来，没有瑕疵才能算得上国礼。而錾刻又是一项充满不确定性、偶然性的艺术。敲击不同的錾，就会在金属上留下不同的图案。为了錾刻一个精美的图案，就需要将每一个錾子都开得完美无瑕。因此，每敲击一个錾子，就是一次创新，都需要绞尽脑汁、反复琢磨。这件完美无瑕的国礼正是在孟剑锋对作品艺术性、创造性的极致追求中诞生，赢得了各国领导人的惊叹与敬佩。

传承工匠精神，不仅是个人价值实现的需要，也是弘扬我国传统精神文化的需要，更是国家强盛发展的需要。

首先，发展工匠精神，有助于劳动者自我价值的实现。执着专注、一丝不苟、精益求精、追求卓越的工匠精神赋予劳动者无穷的力量，使他们能够以坚定的信念、过硬的本领、不服输的气势、不妥协的勇气、不急不躁的心性克服

劳动中的重重困难和挑战，最终超越自我的限度，无限延展自身的可能性。

其次，传承工匠精神，是对我国传统精神血脉的继承与发扬。工匠精神是我国自古以来的精神传统，是中华民族五千多年历史文化在生产生活中的积淀，是内嵌于中华民族血脉之中的文化性格。作为工艺制造大国，我国古代就有过鲁班、李冰等世界级工匠大师，其惊为天人的工艺创造反映了古代工匠的匠心独具、成风尽垩。工匠精神生生不息，其精神品质早已融入中华民族的文化血液。传承工匠精神，不仅是我们对先辈遗留下来的精神瑰宝的珍惜，更是我们对延续宝贵精神文明和文化传统义不容辞的责任。

最后，弘扬工匠精神，是对我国建设"制造强国"的时代召唤的应答。我国是世界制造业第一大国，在世界500多种主要工业产品中，我国有220多种工业产品的产量位居世界第一。但总体而言，我国制造业大而不强，实现制造业转型升级迫在眉睫。由"制造大国"走向"制造强国"，不仅需要大批科学技术专家，也需要千千万万能工巧匠。习近平总书记在2021年两院院士大会中国科协第十次全国代表大会讲话中强调："要更加重视人才自主培养，努力造就一批具有世界影响力的顶尖科技人才，稳定支持一批创新团队，培养更多高素质技术技能人才、能工巧匠、大国工匠。"而工匠精神，是成长为"大国工匠"的重要品质与精神动力。弘扬工匠精神，培养大国工匠，无疑是我国向"制造强国"迈进的重要路径。

习近平总书记有这样的期待：

"在工厂车间，就要弘扬'工匠精神'，精心打磨每一个零部件，生产优质的产品。在田间地头，就要精心耕作，努力赢得丰收。在商场店铺，就要笑迎天下客，童叟无欺，提供优质的服务。""当老师，就要心无旁骛，甘守三尺讲台，'春蚕到死丝方尽，蜡炬成灰泪始干'。做研究，就要甘于寂寞，或是皓首穷经，或是扎根实验室，'板凳要坐十年冷，文章不写一句空'。搞创作，就要坚持以人民为中心的创作思想，深入实践、深入群众、深入生活，努力创作出人民群众喜爱的精品力作。"

作为未来的劳动者，我们应当学习和践行工匠精神，学习大国工匠们追求卓越的精神，学习提升细节的态度、持之以恒的毅力，把追求技能的进步作为自己永恒的主题。

（三）树立正确劳动价值观

劳动价值观，是人们在劳动过程中表现出来的情感态度和价值取向，是劳动者正确认识劳动意义、领悟劳动价值、感受劳动魅力、进行劳动创造的价值向导。

树立正确的劳动价值观，首先在于对劳动价值的正确认识。漫长的人类劳动历史表明，劳动既是物质财富、精神世界的动力来源，也是历史发展的助推器，更是人的本质存在方式。劳动首先满足了人类的基本生存需求，创造了物质世界。这样的劳动活动在千年来的人类社会发展过程中起到了强有力的推动作用，成为了人类社会历史不断向前发展的原动力，使人类从蒙昧的原始社会不断走向文明的现代社会。也正是在这个过程中，劳动也正如马克思所言"给每一个人提供全面发展和表现自己的全部能力即体能和智能的机会"，成为解放人、发展人、实现人的手段。通过劳动，人类才得以确认其本质力量和本质特征，从而获得自己的幸福。一言以蔽之，劳动创造世界，创造历史，更创造人自身！

树立正确的劳动价值观，就是要牢固树立劳动最光荣、劳动最崇高、劳动最伟大、劳动最美丽的思想观念，培育崇尚劳动、热爱劳动、辛勤劳动、诚实劳动的劳动精神。

崇尚劳动，是劳动的信念基础。崇尚劳动，就是要尊重劳动、尊重劳动者及其劳动成果。这也意味着劳动没有等级优劣之别，劳动者也没有高低贵贱之分。正如马克思主义劳动观所强调的，劳动是一切财富、价值的源泉，劳动者是国家的主人，一切劳动和劳动者都应该得到鼓励和尊重。崇尚劳动，还体现在切实保障劳动者的基本权利，保障劳动者享有平等的权益，不因出身、职业、财富等不同而区别对待。特别是对于农民工、残疾职工等特殊群体，应保证其享有平等的生存权、发展权，保证其平等地参与竞争、参与发展、分享成果。

热爱劳动，是劳动的情感基石。热爱劳动，就是以好逸恶劳为耻，倡导通过劳动创造美好生活、实现人生梦想，反对一切不劳而获、崇尚暴富、贪图享乐的错误思想。高尔基曾指出，世界上最美好的东西，都是由热爱劳动的人的聪明才智创造出来的。只要踏实劳动、勤勉劳动，在平凡岗位上也能干出不平凡的业绩。

辛勤劳动，是以中国式现代化全面推进中华民族伟大复兴的重要途径。"民生在勤，勤则不匮。"农民们辛勤耕耘喜获丰收，工人们辛勤生产产品充盈，教师们辛勤教学喜获桃李……各行各业的成就背后，都是劳动者经年累月的辛勤劳动。现实告诉我们，劳动人民靠辛勤劳动创造了历史，造就了今日中国的巨变。2020年，在党的领导下，我们打赢了脱贫攻坚战，在中华大地上印证了劳动创造幸福的生活。劳动有体力劳动，也有脑力劳动，不管是哪种形式的劳动，只要是对社会有益的，就是有价值的劳动。各行各业的劳动者们都以其辛勤劳动创造着、维系着我们的美好生活。日常生活中，我们总能看到这样的身影：外卖小哥骑着电瓶车冒着酷暑严寒在大街小巷穿梭；医生护士在病毒肆虐的时候，坚守岗位救助伤患；年轻的志愿者们出现在需要的地方，义无反顾做好各项保障工作；科技工作者常年在实验室里反复测算、研制……无数的劳动者为我们做出了榜样，使我们更加深刻地体会到劳动创造人、劳动创造价值、创造财富、创造美好生活的崇高意义。

诚实劳动，是中华民族以诚为先、以诚为重、以诚为美的具体体现。"人无信不立，业无信不兴。"许多中华传统老字号的传承，就是靠诚信经营。对于劳动者个体来说，每个劳动者通过诚实劳动收获财富，才能使整个社会建立良好的秩序。那些偷工减料、制假售假的行为即使能在短时快速获利，最终也要付出惨痛代价，不能长久。习近平总书记在同全国劳动模范代表座谈时说："人世间的美好梦想，只有通过诚实劳动才能实现；发展中的各种难题，只有通过诚实劳动才能破解；生命里的一切辉煌，只有通过诚实劳动才能铸就。"唯有通过诚实劳动，才能实现人生梦想、改变命运。

对此，树立正确的劳动价值观，不仅要正确认识劳动在人生发展和社会发展中的作用，对劳动建立正确的认知，更要在实践中发扬劳动精神。"纸上得来终觉浅，绝知此事要躬行"，劳动也正是我们职教生获取知识的一种有效渠道。课堂上、实训室里、实习车间中、社会实践中，都是我们获取劳动体验的好时机，也是践行劳动精神的具体途径。

实践探究

找一找我身边的技能小能手

具体要求：请找出一位本专业的技能能手，比如在技能比赛中获奖的同学，或是在专业学习中能始终名列前茅的同学。拍一拍他们的技能作品，对比一下自己的作品，找找自己的优点，写写今后改进的方向。

同学的作品

我的作品

我的作品的优点：

....

....

....

....

我今后改进的方向：

....

....

....

....

走进职场，完成一次职业体验活动

一、活动目标

（1）小组合作制定一份职业体验方案。

（2）体验一项职业劳动的过程或完成一次模拟职业任务（比如，在西点实训室完成一次烘焙，在插花实训室完成一次插花，完成一次快递的投递）。

（3）感受不同类型的职业劳动，体会职业劳动的不易。

二、活动资源准备

找到能够进行职业体验的地点，准备好体验职业所需材料及工具等。

三、活动过程

分小组完成一次职业体验，小组成员制定一次职业体验方案（包含体验项目、活动地点、小组成员分工、成果展示等）。

四、活动成果交流展示

每人完成一篇300字以上的职业体验感悟（写清体验的职业项目、完成的过程、成果情况、遇到的困难、如何解决）。

通过小组交流或全班交流来完成成果展示。